玉魂

中国古代玉文化

THE SOUL OF JADE

ANCIENT CHINESE JADE CULTURE

长沙博物馆/编
喻燕姣/主编

CNS
湖南人民出版社·长沙

图书在版编目（CIP）数据

玉魂：中国古代玉文化 / 长沙博物馆编；喻燕姣主编. — 长沙：湖南人民出版社，2022.2
ISBN 978-7-5561-2890-7

Ⅰ. ①玉… Ⅱ. ①长… ②喻… Ⅲ. ①古玉器－中国－图录 Ⅳ. ①K876.82

中国版本图书馆CIP数据核字（2022）第025165号

YUHUN ——ZHONGGUO GUDAI YU WENHUA

玉魂——中国古代玉文化

编　者　长沙博物馆
主　编　喻燕姣
责任编辑　周　熠
责任校对　夏丽芬
设计总监　虢　剑
装帧设计　谢俊平

出版发行　湖南人民出版社［http://www.hnppp.com］
地　址　长沙市营盘东路3号
电　话　0731-82683313
邮　编　410005

印　刷　长沙超峰印刷有限公司
版　次　2022年2月第1版
印　次　2022年2月第1次印刷
开　本　889 mm×1194 mm　1/16
印　张　16.25
字　数　139千字
书　号　ISBN 978-7-5561-2890-7
定　价　328.00元

营销电话：0731-82683348（如发现印装质量问题请与出版社调换）

玉魂——中国古代玉文化展

主办单位：长沙市文化旅游广电局

承办单位：长沙博物馆

湖南省博物馆

重庆中国三峡博物馆

协办单位：湖南省文物考古研究所

中国社会科学院考古研究所

二里头夏都遗址博物馆

洛阳博物馆

南阳市文物考古研究所

展览筹备委员会主任：王立华

展览筹备委员会副主任：刘　瑜

展览筹备委员会成员：张海军　陈　卓　廖　帅

策展人：喻燕姣

学术顾问：邓淑苹

项目负责人：董远成

执行策展人：何枰凭　孙　田

内容方案撰写人：喻燕姣　许宁宁　王　卉　李明洁　覃　璇

艺术设计：李　楠

展览制作：孙　田　梁晓轩　方　芳

展品组织：乔保同　崔　华　赵海涛　赵腾宇　石艳艳　黄　超　庞　佳

吴汶益　方昭远　覃　璇　张婷婷　屈　凤　何枰凭　刘　莹

展品保护：张兴伟　周　珺

宣传推广：邓晓丽　万国珍　朱　宇

数字展示：王文彬

网站和新媒体宣传：曾　麟　胡　璟

教育活动：刘晴贤　王文静

开放管理：王　倩　张林麟

安全管理：曹　前　慎　广

行政保障：浦英晖　周　韵

序言

玉，石之美者。

国人识玉、用玉的历史十分悠久，并在不同的时期赋予玉以不同的文化内涵，从而形成了中国历史上源远流长的玉文化。华夏先民早在制作石器的过程中，就认识和辨别出了美丽的玉石。他们剖璞取玉，琢玉成器，创造了灿烂的史前玉文化。从这个时候起，玉器开始脱离单纯的石器而存在，拥有了独特的审美属性与价值意义。人们视玉为祥瑞之物，还是沟通神灵的法器，因此史前玉器在社会生活中扮演了重要的角色，有着十分重要的地位。

夏商周三代，玉器是王权政治的象征，以玉载礼，成为时代风格。中原地区出土了不少夏代的圭、璋、戚、钺、穿孔刀、戈、柄形器等玉礼器，这时玉器开始了由神玉向礼玉的转变。到了商代，玉器进一步走下神坛，代表着王权的权威，形成了以戈、钺、戚、矛、刀等为仪仗礼器，以圭、牙璋、柄形器等为祭祀礼器的用玉制度，同时玉佩饰也成为身份等级的象征。西周时期，天命鬼神观念淡化，人的自身价值得到肯定。周公制礼作乐，玉器成为礼制活动中的媒介、礼的载体，玉器发展完全进入礼玉文化阶段。

春秋战国时期，王室衰微，诸侯争霸，礼崩乐坏。玉器除具备原有功能外，又被儒家学者人格化，赋予了道德内涵。赞其曰：温润而泽，仁也；缜密以栗，知也；廉而不刿，义也；垂之如队，礼也；叩之，其声清越以长，其终诎然，乐也；瑕不掩瑜，瑜不掩瑕，忠也。玉之美，体现的是君子德行之美，皎皎月华，不染纤尘，天下莫不贵之。玉器业已成为君子的化身，言念君子，温其如玉。

魏晋以来，玉器逐渐走向民间，承载着世人祛祸祈福、追求美好生活的愿望。唐宋时期，玉器脱离礼制的约束，走向世俗化，在造型与纹饰上极富异趣。日用器与陈设器增多，花鸟装饰品清新典雅。宋代风行尊古思潮，上追商周，兼仿汉唐，开玉器制作新气象。辽金元玉器民族特色鲜明，风格雄奇豪放，与宋代玉器相映成趣。明清两代，随着帝王的喜爱、文人社会地位的提高、玉器生产和市场的昌盛、玉料路径的畅通、琢玉名匠的涌现，玉器成为上至皇室，下至平民百姓随身佩戴、生活实用、把玩陈设的珍玩雅物，是人们陶冶性情、怡志养神之佳品。

长沙博物馆自2015年以来，坚持从世界文明、中华文明、湖湘文化、长沙记忆四个维度来策划特展，在中国古代玉文化展览方面，此前相继举办过殷墟妇好墓出土玉器展、河南南阳地区出土玉器展，都受到观众好评。但以上玉器展览展品主要集中在夏商周时期，对于想全面了解中国古代玉文化发展历程的观众来说总感觉意犹未尽，因此，在2021年的展览规划中我们确定了举办中国古代玉文化展览的选题，并延请湖南省博物馆研究馆员、玉器研究专家喻燕姣女士担任策展人。喻燕姣女士欣然慨允，由此我们才有了这个“玉魂——中国古代玉文化展”。

展览汇聚了长沙博物馆、重庆中国三峡博物馆、湖南省博物馆、湖南省文物考古研究所、中国社会科学院考古研究所、二里头夏都遗址博物馆、洛阳博物馆、南阳市文物考古研究所等八家文博单位收藏的410件（套）藏品，力求以时代为脉络，将中国玉器几千年发展历程中所呈现出的神圣化、礼仪化、道德化和审美化等特点及其文化内涵呈现给大家，为喜爱玉器的观众提供一次全面了解中国古代玉文化的机会。

展览的展品以考古发掘出土玉器为主，传世玉器为辅。湖南地区出土玉器主要集中在新石器时代、商代、战国和两汉代时期，玉器品种丰富，以佩饰玉为主，伴以礼仪玉和生活用玉，是研究长江中游地区玉文化不可缺少的重要资料，对了解湖南地区古代人们的用玉观念、用玉方式、制作工艺等方面都具有重要的学术价值。

南阳独山盛产美玉，其色泽丰富，质地细腻，被誉为我国四大名玉之一。南阳地区出土玉器，自新石器时代至两汉均有良工精琢之品，兼具自然精华与人文理想之美，构成了中国玉文化的一个重要组成部分。此次重点展示了南阳宛城区夏响铺西周鄂国贵族墓和南阳桐柏月河春秋墓出土的精美玉器，尤为难得。

洛阳地处中原腹地，是华夏文明的重要发祥地之一。洛阳地区出土的西周玉器精美绝伦，品种繁多，其中佩玉种类齐备，呈系列化、普遍化发展，成为彰显贵族阶层的名贵饰品。

重庆虽地处西南边陲，玉石资源匮乏，但伴随考古工作的不断深入，新石器时代的巫山大溪文化遗址和战国时期的涪陵小田溪巴国高级贵族墓地等都出土了具有代表性的玉器。在传世玉器方面，重庆中国三峡博物馆收藏颇丰，礼仪之玉、生活之玉、润身之玉、陈设之玉等方面品种齐备，本展览主要展示了该馆收藏的明清两代的传世玉器。

玉之美，内蕴中华民族仁、智、义、勇、洁等品德与气质；器之美，呈现远古先民高妙绝伦的智慧和历代工匠鬼斧神工的技艺。煌煌古今，烁烁琼琚；月华流照，谦恭有度。时至今日，玉器的使用功能虽已大大削弱，但世人对玉的喜爱却有增无减。我们观赏它，尝试穿越时空，与自身的文化基因对话。这种自然精华与人文之美的结合，寄托了中国人对美好事物的向往和浓厚情感的期许。此次“玉魂”展，希望能为广大观众带来一场艺术盛宴，带领大家感受中国古代玉器的精美，领悟中华玉文化的博大与精深，给古代玉器研究者、爱好者以及更多观众提供更广阔的交流平台。

感谢湖南省博物馆、重庆中国三峡博物馆、湖南省文物考古研究所、南阳市文物考古研究所、洛阳博物馆、中国社会科学院考古研究所、二里头夏都遗址博物馆对本展览的大力支持，感谢喻燕姣女士的精彩策划！

长沙博物馆馆长、研究馆员 王立华

"玉魂——中国古代玉文化展"展品解读

湖南省博物馆研究馆员、策展人 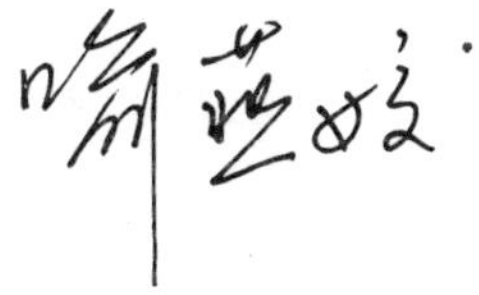

石之美者为玉。以玉器为中心载体的中国玉文化，绵延了近万年，其延续时间之长、内容之丰富，深深浸润着中国古代的思想、文化和制度，是中国传统文化中不可或缺的重要组成部分，也是中华文明有别于世界其他文明的特殊标志。玉魂，就是玉器在中华文明中独特地位的最好诠释。2021年12月28日至2022年4月5日，由长沙市文化旅游广电局主办，长沙博物馆、湖南省博物馆、重庆中国三峡博物馆承办，湖南省文物考古研究所、中国社会科学院考古研究所、二里头夏都遗址博物馆、洛阳博物馆、南阳市文物考古研究所协办的"玉魂——中国古代玉文化展"，在长沙博物馆举办，该展是对中国古代玉文化的一次全面诠释。

本展览囊括了新石器时代至清代410件（套）玉器精品，将中国玉器几千年的发展历程，分为新石器时代的“以玉事神”、夏商西周的“以玉载礼”、春秋战国秦汉的“以玉比德”，以及魏晋南北朝至清代的“以玉养性”四个单元，将中国玉器所体现的文化内涵和社会价值作为叙事的主体，以此展现中国玉器发展历程中所呈现出的神圣化、礼仪化、道德化和审美化等特点，反映了独具特色的中国古代玉文化。

为了使观众能更好地看懂展览，更深刻地了解中国古代玉文化的内涵和社会价值，本文结合展览结构，对重点展品进行解读，以期让观众在欣赏精美玉器的同时，领略中国古代玉文化的博大精深，体会国人爱玉、崇玉、用玉、藏玉的历史，激发人们对中国传统文化的认识与弘扬。

第一单元　以玉事神

本单元分为“玉器起源”和“玉为灵物”两组文物。时间为新石器时代。

众所周知，玉器起源，是与石器分化同步的。新石器时代早期，先人在磨制、钻孔、抛光等制作工艺上有了较大发展，并有意识地选择颜色、韧性、硬度俱佳的美石加工，在实用和美观的基础之上，制作出了装饰品和工具等早期玉器形态。目前中国公认发现最早的玉器，是黑龙江饶河

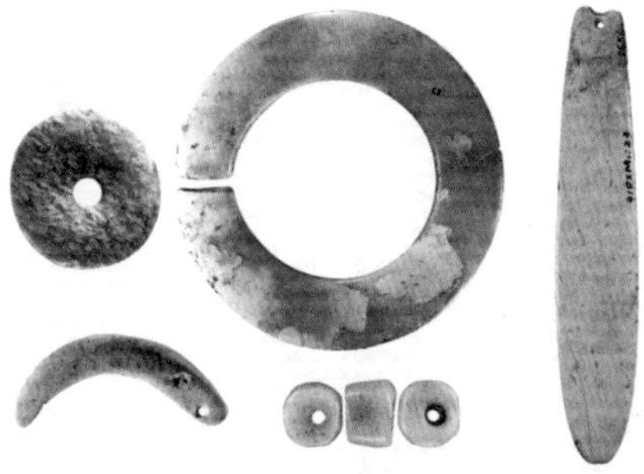

图 1　黑龙江饶河县小南山遗址出土的玉器

县小南山遗址出土的玉器，有装饰品和工具，距今 9000—8500 年（图 1）[①]。

湖南地区的澧县彭头山、八十垱新石器时代彭头山文化遗址，距今 9000—7900 年，出土有 200 多件黑色燧石磨制的质软、外表乌黑铮亮的各类长条形棒饰、石管、石珠及绿松石小璧、球形玛瑙珠等装饰品（见本书第 004—006 页），是南方地区目前已知最早的玉石装饰品，是湖南新石器时代玉器出现的先声，其材料都是就地取材，个体较小，器形简单、不规则，光素无纹，做工粗糙，应该是本地居民随意制作。可见，当时人们已有较强的审美意识，并寻找美石加工为佩饰。这说明湖南地区先民崇尚美石的传统文化观念至少可以追溯到新石器时代早期。

到了新石器时代中后期，随着阶级等级的出现，玉逐渐成为部落首领和巫觋身份的象征，同时是神灵寄托的灵物、供神灵吃的食物，又是举行祭祀仪式时神人沟通的神物。“以玉事神”成为这一时期的特征。

“玉为灵物”用来事神这一特征，在东北地区的红山文化，江淮地区的凌家滩文化，海岱地区的大汶口文化、龙山文化，太湖流域的良渚文化，长江中游地区的大溪文化、肖家屋脊文化以及陕北的石峁文化和黄河上游的齐家文化等文化遗址里发现的大量玉器上得到了充分的体现。

比如红山文化晚期的牛河梁遗址，有积石冢墓群、庙宇

① 中国社会科学院考古研究所、香港中文大学中国考古艺术研究中心编：《玉器起源探索——兴隆洼文化玉器研究及图录》，香港中文大学中国考古艺术研究中心，2007 年，第 132 页。

和祭坛，其内出土有规格甚高的人、龙、凤、龟、璧、勾云形佩等玉器祭器（图2）[①]；良渚文化的墓葬、祭坛也出土了大量玉器，数量可观的带有神徽的玉琮（图3）[②]、玉璧、玉钺等，均反映了神权的至高无上。

图2　辽宁朝阳红山文化（距今5500—5000年）牛河梁遗址第五地点一号冢第1号墓玉器出土情况

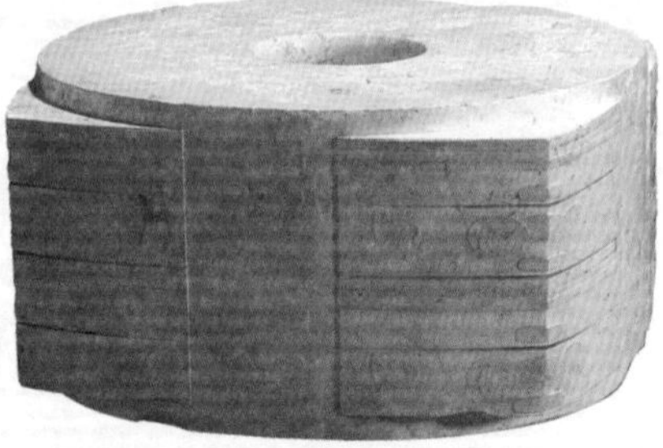

图3　良渚文化神人兽面纹玉琮，距今5300—4300年，浙江余杭反山出土

本展览展示的新石器时代“玉为灵物”的玉器，主要来自洪江高庙大溪文化遗址和澧县孙家岗肖家屋脊文化遗址（见本书第011—030页）。大溪文化距今6500—5300年，湖南大溪文化墓葬出土玉器较多，以璜、玦为最多。其中璜早期多为弧条桥形，之后才出现折角形、半环形、半璧形，均为两端钻孔。玉璜起源于长江下游地区，浙江萧山跨湖桥遗址T302出土了一件属该遗址第三期的弧条桥形石璜，距今7200—7000年，是迄今所见最早的璜。[③] 湖南大溪文化的桥形和半璧形璜与长江下游地区所出的玉璜形态几乎一致，说明从早期以弧条桥形璜为主到晚期阶段的半环形、半璧形璜，整个长江中下游流域玉璜的发展轨迹是基本一致的，并呈现出彼此交流传播的现象。

① 朝阳市文化局、辽宁省文物考古研究所：《牛河梁遗址》，学苑出版社，2004年，第60页，图74。
② 杭州良渚遗址管理区管理委员会、浙江省文物考古研究所编著：《良渚玉器》，科学出版社，2018年，第13页。
③ 浙江省文物考古研究所、萧山博物馆：《跨湖桥》，文物出版社，2004年。

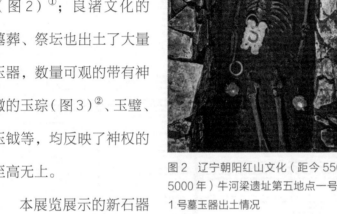

图4　澧县城头山大溪文化（距今6500—5300年）M687两件玛瑙璜，出土于墓主颈上，表明该玉璜已具有礼仪性质

湖南大溪文化玉璜在制作技艺与选料上较精致，两端都有对琢的小孔，用于穿系。绝大多数的璜出土时位于墓主的颈下（图4）[①]，或者胸前，所以玉璜的佩戴方式应为单件，或者组合悬挂于颈胸间。其作用已不单纯只是具有装饰美化功能，可能更多具有宗教、礼仪等社会功能。

洪江高庙大溪文化的玉戚，也是本次展览的一件“重器”。它器形较大，整体为玉斧形，顶端两侧有扉棱，是目前发现年代最早的带有扉棱的玉器，距今有6500—5300年。玉戚与玉钺同源，是由新石器时代的石斧演化而来，唯一不同的是器物顶端两侧有扉棱，又称扉牙。澧县孙家岗肖家屋脊文化墓葬也出土有带扉棱的玉璜，很有可能是受到湖南本地玉文化的影响。玉戚在使用时，用作礼器，此玉戚显然非一般部落成员能持有，其显示了拥有者军事领袖的身份与地位。玉礼器的出现，反映出古人精神世界的转变、原始宗教开始萌生、部落成员等级逐步分化。玉礼器既作为墓主地位和权力的象征，又成为他敬天事神的圣物。

澧县孙家岗肖家屋脊文化墓葬从1991年到2019年，陆续发掘有近200座墓，出土完整玉器有数十件，主要有玉虎、玉蝉、玉蛙、玉鸟、玉龙、玉凤等动物形玉器，玉笄、玉璜、玉坠、玉珠、玉管、玉环、圆形玉牌、玉冠等装饰类玉器，玉璧、玉祖、獠牙神像玉牌等玉礼器。这批玉器，绝大多数器形风格在湖北肖家屋脊文化遗存中都可以找到高

① 湖南省文物考古研究所：《澧县城头山——新石器时代遗址发掘报告》，文物出版社，2007年。

度同类者。[①] 如玉虎头像和玉蝉是湖北肖家屋脊文化最具特色的器类，孙家岗的玉虎头像应来源于湖北肖家屋脊文化，与肖家屋脊、枣林岗、谭家岭出土玉虎头一脉相承；玉蝉也可在湖北罗家柏岭、谭家岭、肖家屋脊遗址找到原型；鸟的羽翅纹也与湖北肖家屋脊、谭家岭玉鹰、罗家柏岭的玉凤羽翎纹几乎同款；玉笄造型与肖家屋脊遗址的鹰形笄很相似；玉珠、圆形玉牌饰可在湖北肖家屋脊文化遗址中找出近似器物；玉蛙在以往的肖家屋脊文化遗存中找不到同类器，但谭家岭 W9 中出土的一件虎座双鹰玉饰，其双鹰与虎座间的空白区域正是一只蛙的形状，与孙家岗 M71 玉蛙外形高度相似；[②] 獠牙兽面人像玉牌也与湖北肖家屋脊文化獠牙兽面像几乎一模一样。

这些孙家岗肖家屋脊文化玉器多被作为装饰品挂戴在身上，死后和玉石边角废料随葬在土坑墓或瓮棺中，其用途除好看、夸耀富有、显示身份外，还有祭祀通神的宗教含义，主要也是希望沟通神与人的关系，期盼随时随地都能得到神灵的佑护，显示出其时先民特殊的原始宗教观念，玉器的“神灵性”特征极为突出。如孙家岗 M14 的龙凤玉佩、玉笄、玉璜、玉坠等，出土于墓主头、颈位置，玉笄与龙凤玉佩组合成墓主发饰（图 5）、两件玉璜组合成项饰或胸饰、各式坠饰组合成头饰等随身饰品形式下葬，除了具有通灵事神之外，这些玉器应该还有从现实审美角度，

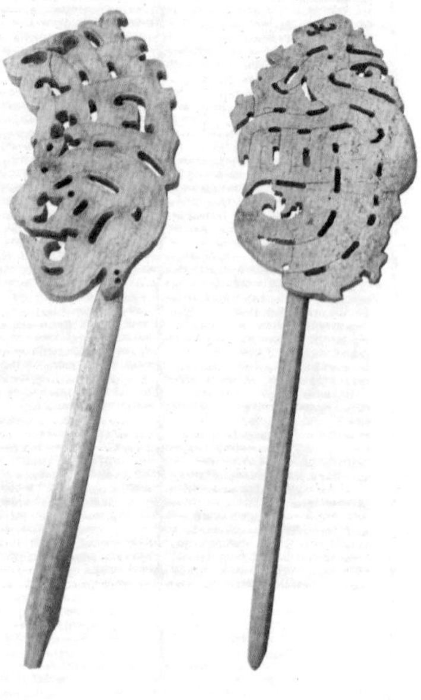

图 5　澧县孙家岗肖家屋脊文化（公元前 2100—前 1700 年）M14 出土的龙、凤形玉佩与玉笄组合示意图

① 喻燕姣、张婷婷、赵亚峰：《湖南澧县孙家岗新出土后石家河文化玉器初探》，载杨晶、周黎明主编：《玉魂国魄：中国古代玉器与传统文化学术讨论会文集（八）（中华玉文化特刊）》，浙江古籍出版社，2020 年，第 16—27 页。

② 湖北省文物考古研究所、北京大学考古文博学院、天门市博物馆：《湖北天门市石家河遗址 2014—2016 年的勘探与发掘》，《考古》，2017 年第 7 期。

作为人体饰品的功用。

动物形玉器是肖家屋脊文化最有特色的器物之一，均为写实动物形，多见玉虎、玉蝉、玉鹰等，生动逼真、惟妙惟肖，均有穿孔。这些带有穿孔的小型玉饰，此时已不是单纯的装饰品。张绪球先生认为："史前时代的雕像都是宗教美术品，因此无论是人物雕像，还是动物雕像，它们所代表的都不是普通的人或动物，而是都属于神灵的范畴。"[①] 动物形玉器是根据当时人们现实生活中常见的动物形象加以抽象化、夸张化的艺术渲染而创作出来的玉器种类，具有原始宗教和巫术特色。早在新石器时代的红山文化中，以玉猪龙为代表的各种动物形玉饰就非常流行，它们不仅仅是作为装饰品使用，同时也与原始的意识形态、宗教信仰有密切关系，属于宗教活动的重要用器。在古人的原始宗教信仰中，万物有灵，动物崇拜非常盛行。自然界的鸟、鹰、蝉、虎、猪、鹿、羊、鱼、龟、蛙、蜥蜴、蟾蜍等飞禽、走兽、水生和两栖类动物，都是先民信奉的灵物，经过巫觋的神化而变为神灵，可以帮助巫觋与神鬼沟通，成为巫觋通神的工具。先民认为，拥有、佩戴动物形玉器，除了穿戴好看、象征权力身份之外，也能发挥它们的神力，从而得到它们的庇护，并借此达到丰收、富足、祛灾、辟邪、趋吉避凶、克敌、祈福的效果。

① 荆州博物馆编著：《石家河文化玉器》，文物出版社，2008年，第14页。

第二单元　以玉载礼

本单元分为“玉从王权”和“玉为礼饰”两组文物。时间为夏商西周时期。

在新石器时代与青铜时代交替之际，战争成为中华文明发展的主题。战争打破了部族之间的自然优胜劣汰的平等竞争关系，原本在军事领域才有发言权的军事首领借助战争这一有利态势，逐渐掌握了政治、经济等领域的权力，促使权力集中，部落联盟向统一的国家形态过渡。夏商立国，国王在兼并战争中慢慢掌握最高权力，王权崛起，神权式微，巫觋成为服务于王权的卜师，玉器不再是由其掌管的“神物”。玉器由神玉走向王玉阶段，用以代表王权权威，明确了仪仗礼器、祭祀礼器、丧葬礼器等。周公制礼作乐，玉器成为区分等级贵贱的标准，成为礼仪的载体，兵器礼仪化、工具礼仪化、装饰品礼仪化的特征非常明显，玉礼器空前繁荣，玉器发展进入礼玉文化阶段，“以玉载礼”，成为时代风格。

在夏商西周时期，戈、钺、戚、矛等玉质兵器越来越多。安阳商代殷墟妇好墓就出土有50多件玉戚、玉钺、玉戈、玉矛等玉质兵器。这些兵器从形态上观察，打磨精细，体薄刃脆，绝大多数没有使用痕迹，因此应该不是实用兵器，显然是墓主身份地位的标志性随葬品，为仪仗之器。本展览展示的玉

图6　二里头遗址玉璧戚（75VIKM5 ：1）

仪仗器主要有戈、钺、戚、矛四种，这些仪仗玉器，进入春秋战国以后就较少见了。比如南阳市桐柏县月河镇左庄村春秋墓 M1 出土的玉璧（见本书第 035 页），外轮廓不规整，可见有多个略呈弧形的窄刃，尤其两侧及下部较为明显。经过与已有的考古资料比较，这件玉器原型应是夏代的玉璧戚，它与二里头遗址发掘的 3 件玉璧戚形制基本相同（图6）[①]，都是弧顶、两侧有扉牙，刃部为数个略内弧的大齿。月河春秋墓玉璧下部遗留的三四个略呈弧形的窄刃应是这种大齿的残迹，其器身两侧的弧形窄刃则是磨去扉牙的残迹。由此可知，它最初应该是玉戚，是作为仪仗器使用的，到春秋时，对其进行改制，将其左右两侧扉棱磨掉，使两侧变得平直成为一件玉璧。它出土于墓主头部位置，具有殓尸和表示身份等级的作用，从而使它由仪仗兵器转为丧葬礼器或身份象征之器。

夏商西周的祭祀玉礼器较多，尤其是商代，“国之大事，在祀与戎”，祭祀祖灵和捍卫社稷是国家最重要的大事。因此，商代各种祭祀自然神祇、祖先神灵的行为都较为频繁，祭祀用具以青铜器、陶器为主，祭品也以“牺牲”为主，但也不乏玉器。根据甲骨文和金文的记载以及出土玉器情况分析，商代用于祭祀的玉器并没有严格的规定，似乎所有的玉器都可以用来祭祀，都可以用来奉献给神灵和祖先。除甲骨文记载玉圭、玉牙璧、玉戚等是当时确实使用的祭祀玉外，

① 中国社会科学院考古研究所二里头队：《1984 年秋河南偃师二里头遗址发现的几座墓葬》，《考古》，1986 年第 4 期。

考古发现的玉璋、柄形器、簋、盘等几种玉器也明显具有祭祀玉用途。

另外，祭祀用玉方式多样，甲骨文和考古发现表明，商代用玉祭祀方式主要有四种：燎玉（焚烧玉以祭祀神灵）、沉玉（将玉投入水中祭祀）、坎玉（埋玉祭祀）、毁玉（将玉毁坏后用于祭祀），它们既可单独实施，如甲骨文就记有“燎祭用圭”和“沉圭于河”，也可以两两组合或三三组合：先把玉器毁坏，然后焚烧再埋，这在三星堆两座祭祀坑表现得较明显。

而且，根据甲骨文和考古发掘情况可知，商代用玉祭祀的对象相当有限——先祖、先王、先臣目前多是在商代历史上占有重要地位的人，如王亥、成汤、大甲、祖乙、祖丁、南庚、某先王丁、黄尹等，自然神祇多见山、河。

本展览选取的祭祀用玉，主要出自湖南宁乡黄材炭河里、王家坟山、三亩地，都出土于青铜器皿内或在青铜器旁边，被埋在河岸边、山腰、山脚，种类有玉珠管、玦、环、璜、动物形玉饰等，多为佩饰品，数量较大，它们的用途是作为祭品祭祀山川河流已毫无疑问，这与殷人以玉作为礼器恭奉鬼神、祭祀鬼神不无关系。[①]

祭祀玉礼器中还有一个重要的品种就是玉柄形器。它是夏商周三代骤然出现的玉器种类，基本形制一般为扁平长条形，柄端为平首、束腰，直条形器身，穿孔部位各不相同，

① 喻燕姣：《试论商代祭祀用玉》，载中国社会科学院考古研究所等编：《夏商玉器及玉文化学术研讨会论文集》，岭南美术出版社，2018 年。

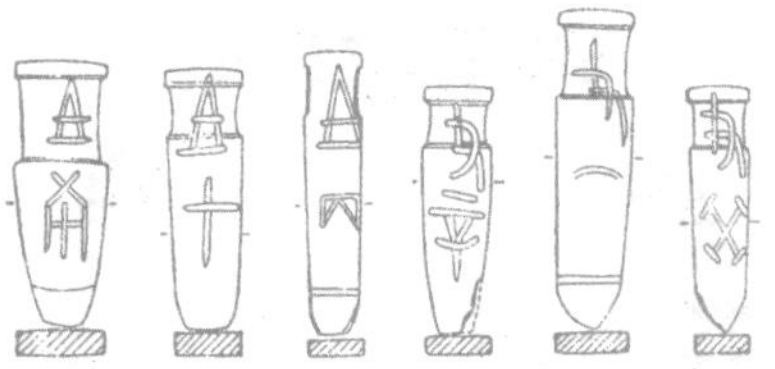
图7　安阳殷墟后冈出土写有祖先名号祖庚、祖甲、祖丙、父辛、父口、父癸的商代玉柄形器

柄端、榫端、中部都有发现，有的是上下贯穿孔，有的甚至无孔，榫端有齐平、尖状等造型，以齐平造型居多，长短、宽窄、厚薄没有定制，差异较大。出土时多数放置在墓主颈部、胸部位，以小、中型柄形器为主，器身或光素或雕刻纹饰。关于柄形器的功用，学术界展开了较长时间的讨论。安阳殷墟后冈出土的六件器表朱书“祖庚”“祖甲”“祖丙”“父口”“父辛”“父癸”（图7）的柄形器表明，它应代表祖先的牌位。[①] 邓淑苹先生结合其他考古资料认为：“柄形器象征神祖造型，用作祼玉，行祼礼时插于容器中，用香酒（鬯）灌之，作为奉献给神祇祖先享用的礼器。”[②]这一结论，现已得到了学术界的普遍认同。

“玉为礼饰”的特点在夏商西周也体现得很突出。商纣王战败时，穿着佩戴或缝缀有许多玉雕动物和其他玉饰的衣服——衣其宝玉衣，赴火而死。自兼贞人（巫师）的商纣王，选择这种“与玉同燎”的死法，应是相信玉的精气和神灵动物的法力，会联合助他升天。可见这一时期的佩饰，也承担了礼仪功能。夏商时期的装饰玉种类有人物、动物形的玉佩，圆筒形的玉镯，造型多样的玉玦、玉璜、玉笄、玉觿、串饰等，尤其是商代的玉雕动物，种类繁多，它们除有装饰品的功能外，还具有贿神的作用。在信仰至上、盛行占卜和注重鬼神与祖先崇拜的商代，需要用大量的器物不断跟神、先祖对话和进行祭祀，动物造型的玉器通常作为杰出的艺术品被

① 刘钊:《安阳后冈殷墓所出“柄形饰”用途考》，《考古》，1995年第7期。
② 邓淑苹：《柄形器：一个跨三代的神秘玉类》，《玉器考古通讯》，2018年第1期。

用来贿神，以代替活体的动物“牺牲”。西周墓葬和遗址也出土了大量玉雕小动物，应也是受到此影响。

西周时期，玉器被纳入礼制范畴，赋予更高的含义。佩玉种类多样，有发饰、耳饰、项饰、腕饰、臂饰、胸饰等，其中玉组佩呈系列化、普遍化发展，成为彰显贵族阶层身份的名贵饰品。

本组展品中，比较有特色的是南阳市宛城区夏响铺村西周晚期鄂国贵族的一组玉佩饰，其中M5墓主为鄂侯夫人“鄂姜”。玉佩饰有玉玦、凤鸟形玉饰、龙形玉饰、束绢形玉佩、弧形玉饰、半圆形玉饰、玛瑙串饰等（见本书第068—073页），种类丰富，器型独特，通体磨光，制作精美。纹饰、器形具有典型的西周玉器特点。玉玦可作为耳饰；凤鸟形玉饰既可单独作为佩饰，也可以是玉组佩的构件；龙形玉佩、束绢形玉佩、弧形（盾形）玉饰、半圆形玉饰两端都各有两个对穿的象鼻形孔，可与玛瑙珠管共同编缀为精美的玉质项饰（图8）[①]，成为妆点鄂侯夫人和其他贵族的华丽饰品，以彰显鄂国贵族的地位与尊荣，应是其重要的佩饰。

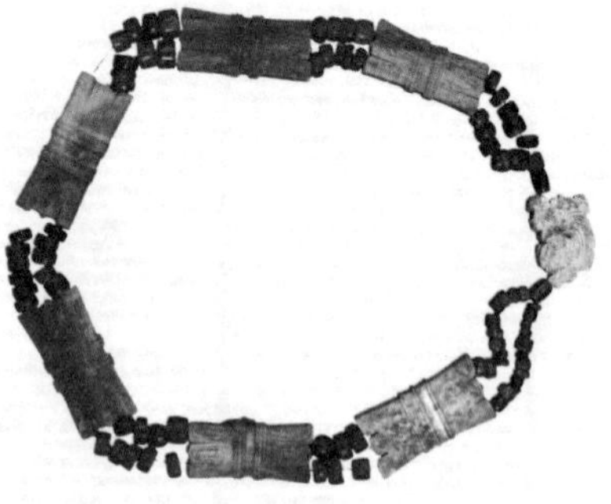

图8　西周虢国墓地梁姬M2012出土有束绢形玉佩的玉项饰

第三单元　以玉比德

本单元分为“君子佩玉”和“君子贵玉”两组文物。时间为春秋战国至两汉时期。

① 西周玉项饰，虢国墓地梁姬M2012出土。图片采自陆建芳主编、吉琨璋著：《玉器通史·周代卷》，海天出版社，2014年，第214页。

春秋战国时期，风云激荡，周王室衰微，诸侯争霸，礼崩乐坏，用于礼仪的玉器越来越少，而玉器被儒家学者人格化，赋予道德内涵。管仲提出“玉有九德”，孔子增为“玉有十一德”，荀子则主张“玉有七德”。“君子比德于玉”，德玉思潮兴起，君子无故，玉不去身，佩玉成为社会风尚，风行于各阶层。

及至汉代，政治稳定，经济繁荣，丝绸之路畅通，优质玉料涌入中原，玉器空前繁荣。此时，“玉德”思想进一步凝练，刘向提出“玉有六美”，许慎认为“玉有五德”。至此，玉德内涵更为完备，汉代佩玉在沿袭战国玉器传统特色基础上继续革新，并赋予其更加丰富的内涵。

春秋战国时期，玉器也是国之重器，是显示地位、标榜财富、美化生活的必需品。上自帝王将相，下至平民百姓，无不以玉为贵，视玉为宝。汉代继承并发展了儒家的“贵玉”思想，皇室贵族生前佩玉，死后也以大量玉器随葬，更创造出种类齐全、性质完备的葬玉，如玉衣、玉琀、玉握等。汉代生活用玉和装饰用玉也进一步发展，特别是玉具剑，达到极盛。

从春秋战国至两汉时期墓葬出土的玉器分析，这一时期的玉器主要是佩饰玉和葬玉并重，玉礼器逐渐减少，生活用玉逐渐增多。

本展览重点展示了南阳市桐柏县月河镇左庄村 M1 春秋

墓、南阳物资城M1春秋墓、澧县新洲M1战国墓、长沙市咸嘉湖陡壁山西汉长沙国王后曹嫘墓出土的佩玉与葬玉。这些墓都有一个共同的特点，墓葬或内棺保存完好，根据墓主周身玉器分布情况分析，这些玉器有佩玉，有葬玉，还有礼仪玉和生活用玉等。如桐柏县月河镇左庄村M1春秋墓，墓葬规格较高，墓主人是春秋晚期养国国君“养子伯受”[①]，出土玉石器（包括水晶、玻璃器等）共746件，玉器器形主要有璋、琮、圭、矛、戈、刀、钺、玦、璜、环、虎形佩、牌饰、管饰、觿，人、鹿及蝉形饰等。有璋、圭、矛等前代遗留下来的礼器；也有双面雕刻精美纹饰的春秋时期典型的佩饰，如玉环、玉觿、长条形玉饰、管状玉玦、玉韘等；还有单面雕刻纹饰可缝于织物上的葬玉，如玉环、玉璜、玉玦、玉琥等。此墓既有玉组佩，又有殓葬玉，但它们如何组合、连接，目前尚未见详细的复原研究，此项工作可继续深入。

又如澧县新洲M1战国墓，为竖穴土坑木椁墓，葬具腐朽，据残迹观察应为一椁一棺，内有头厢、边厢。棺位于椁室北侧，墓主人头向东。此墓年代为战国晚期。墓葬早年被盗，椁室头、边厢器物所剩无几，但棺内安然无恙，全套玉器15件[②]及铜剑、4件玻璃珠等近身器物保存完好。玉器有龙形佩、璧、环、璜、管、条形饰等六种，根据玉器出土位置，笔者对其进行了复原研究，认为这些玉器包含一套玉组佩和一组殓葬玉。[③]

春秋战国至两汉时期的高等级墓葬出土玉器较多，这些

① 蒋宏杰、刘新、乔保同：《桐柏月河墓地的发现与发掘》，载杜金鹏主编：《桐柏月河春秋墓出土玉器研究》，科学出版社，2018年，第14页。
② 湖南省博物馆等：《湖南澧县新洲一号墓发掘简报》，《考古》，1988年第5期。
③ 喻燕姣：《湖南战国墓出土的两组玉器研究》，载杨晶、陶豫主编《玉魂国魄：中国古代玉器与传统文化学术讨论会文集（七）（中华玉文化特刊）》，浙江古籍出版社，2016年。

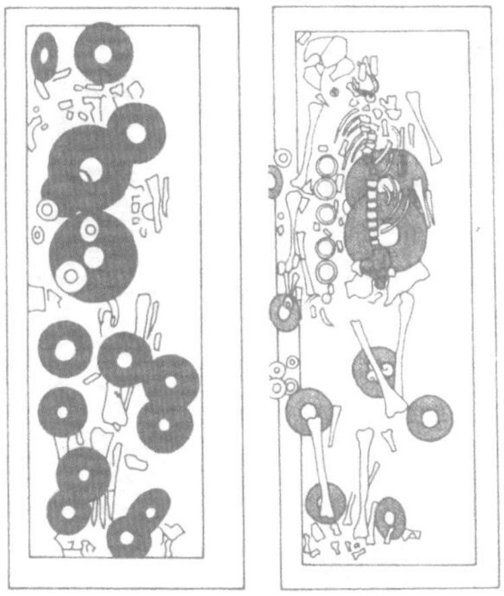

图9　战国鲁国故城 M52 墓主骨架上、下殓尸用璧示意图

墓葬里往往既有玉组佩，也有殓葬玉，同时还有礼器和生活用器，但由于学界对玉组佩、葬玉的认识还不够，常常把其中的葬玉当成了玉组佩，混淆了概念。因此，仔细甄别、复原整理完整墓葬中出土的成组玉器，界定其用途，对研究古代的用玉制度具有重要价值。

值得注意的是，战国、两汉时期用大型玉璧殓葬非常盛行。从湖南出土的战国玉璧看，它一般出于规模较大，随葬品较丰富的木椁墓中，且多数出于内棺，墓主人生前拥有一定的社会地位或经济地位。一般每墓出土璧一块，最多的有在一座墓中出土五六块的。当一墓出土一块璧的时候，璧都是放在人头部的地方，或平放或立置——平放的当是放在棺内或椁内，而立置的则当是插在（或倚在）棺椁之间的空隙处。如果一座墓内出土五六块璧时，璧就不仅仅放在头部了，有置于足下的，有置于胸腹之上的，还有位于腰畔一侧的。如长沙五里牌 406 号楚墓共随葬玉璧 6 块，在头顶前方一块，两肩下各一块，两腿的膝盖下面各压一块，在内棺和外棺之间的空隙处立置一块。[①] 这些现象表明玉璧是作为身份的凭证以及殓尸葬玉之用。其他地方的战国墓同样如此（图 9）[②]，如安徽长丰杨公 2 号楚墓 [③] 有铺置玉璧做法，河南洛阳中州路 M1316 墓主头枕玉方璧，M1723 墓主头部枕有孔玉器，M2209、M1402 的墓主都枕有孔方璧。

玉璧殓葬的用玉习俗，在西汉一些诸侯王统治的地区仍

① 中国科学院考古研究所：《长沙发掘报告》，科学出版社，1957 年。
② 战国鲁国故城 M52 墓主骨架上、下殓尸用璧示意图，采自孙庆伟：《周代用玉制度研究》，上海古籍出版社，2018 年，第 267 页。
③ 安徽省文物工作队：《安徽长丰杨公发掘九座战国墓》，《考古学集刊》第 2 集，中国社会科学出版社，1982 年。

继续盛行。如长沙西汉曹嫘墓、广州南越王墓、望城坡古坟垸渔阳墓（见本书第121、123页）、河北满城中山靖王刘胜和妻子窦绾墓、徐州狮子山楚王墓、河南永城僖山梁国王室墓等，都有用大量玉璧列于尸身周围的做法。

在殓葬玉器中，有数量较多的草绿色或碧绿色玉璧、玉璜、玉龙（见本书第109—113页）等，学者们指出它们是专门的丧葬用玉。邓淑苹先生认为，楚地出现的这种青色的龙形玉佩，应称为琥龙，是引导亡者升天的葬玉，活人不能使用[①]，是给死人使用的，是葬玉。

此外，本单元展示的玉剑饰、玉印章，除具有实用的装饰功能外，它们也是财富和身份的象征，是君子比德于玉、君子贵玉思想的深刻体现。

第四单元　以玉养性

本单元分为“佩玉吉祥”“雅物怡情”和“慕古识真”三组文物。时间为魏晋南北朝至清代。

魏晋南北朝后期起，民族大融合和外域文化的碰撞程度不断加深，至隋唐以后更甚，玉器彻底摆脱了神秘感，脱离礼制约束，建立起贴近生活的世俗化玉器体系。

在佩玉方面：魏晋南北朝，常以玉、琥珀等制成各种串饰，其中瑞兽呆萌，驱邪避凶。

① 邓淑苹：《谈谈当今学界东周玉器研究的盲点》，载杨晶、陶豫主编《玉魂国魄：中国古代玉器与传统文化学术讨论会文集（七）（中华玉文化特刊）》，浙江古籍出版社，2016年。

隋唐五代佩玉生活情趣浓厚，玉料讲究，工艺精湛，纹饰以写实的动物、植物纹为主；唐代开放而包容，纹饰受外来文化影响较大，可见充满异域风情的胡人形象、宝相花等。该时期佩玉主要有钗、簪、笄、步摇、梳背及各类佩饰等，形式多样，雍容华贵。

宋辽金元玉佩饰，以写实花鸟鱼虫与山林景色为纹饰，清新典雅，形神兼备，不论是动植物还是童子造型均体现出自然的情趣，虽没有过多雕琢，却以形神兼备、质朴无华的高雅情调俘获世人的喜爱。这一时期的佩玉主要有镂空玉佩、花鸟纹佩、童子佩、春水秋山玉饰、梳背等。比如辽金元流行的春水秋山玉（见本书第 177—178 页），民族特色鲜明，风格雄奇豪放，与宋玉相映成趣。辽、金、元是游牧民族创建的政权，其玉器在取材、雕工和纹饰上有着浓郁的民族特色，多为表现自然界中的动物和植物，充满山林野趣，装饰有春水、秋山图的玉器为其特色。春水玉的纹饰基本为海东青狩猎天鹅或大雁，辅以芦苇、水草及荷花等，表现的是春天打猎捕捉天鹅或大雁的场景；秋山玉则以山林中的虎、熊、鹿为主题，并有山石、灵芝等作为辅助图案，表现的是秋天在山林中打猎捕捉动物的场景。

明代玉佩受文人画影响，开始出现诗、画、印等图画纹样，以“子冈”牌为代表，工艺精湛，受人追捧。王公贵族使用的佩饰常镶嵌各类宝石，光彩夺目。明晚期形成了北京、苏州两大制玉中心，良工虽集京师，工巧则推苏郡。明代佩玉多见玉带板、圆形和方形牌饰、镂空玉佩、发冠、发簪、耳坠等品类。

清代佩饰品种丰富，数量可观，有代表身份地位的翎管、扳指、顶珠、朝珠，还有牌饰，各种佩饰、香囊以及带钩、带扣、簪、镯、戒指、扁方等。

在日用玉器、陈设玉器方面：宋代日用器与陈设器发展缓慢，数量也不大，到了明代才大量制作，清代则达到了鼎盛——玉料多样，造型各异，纹饰丰富，雕工精细，尤以乾隆时期为甚，其玉料之佳、造型之美、工艺之精已达到登峰造极的境界。以玉文具为例，宋代玉文具向工艺化、装饰化发展，呈现出简洁洗练的治玉作风。明清两代玉制文房用具非常盛行，常见有笔架、笔筒、笔洗、镇纸、印盒、砚台、臂搁等。在设计装饰上多有独到之处，造型往往采用动、植物样式，充满清新活泼的自然情趣。雕琢上或粗犷简朴，或细巧工致，风格多样。

图 10　安徽休宁县朱晞颜夫妇合葬墓出土的南宋兽面纹仿古玉卣

在仿古玉器方面：两宋时期，金石学兴起，随着宋人尊古思潮的风行，产生了一种在器型、纹饰、沁色上刻意模仿古代青铜器、玉器和漆器的仿古玉。上追商周，兼仿汉唐，开玉器制作新气象。如安徽休宁县朱晞颜夫妇合葬墓出土的南宋兽面纹仿古玉卣，就是仿青铜卣制作而成（图 10）[①]。明代受复古思潮影响，仿古玉有所发展，清代乾隆时期已至

① 南宋兽面纹仿古玉卣，安徽休宁县朱晞颜夫妇合葬墓出土，安徽省博物馆藏。图片采自古方主编：《中国古玉器图典》，文物出版社，2007 年，第 346 页。

图 11　清乾隆青白玉匜形杯

巅峰。这表明文人社会地位的提高和玉器生产与市场的繁荣。仿古玉的对象，有各个历史时期的典型玉器，也有仿古代青铜彝器的玉器，如玉鼎、玉觥、玉匜等。如乾隆皇帝好古，下旨制作了一批仿东汉的“宜子孙”镂空铭文玉璧，主要有三种图案，分别为“宜子孙”三字铭文，竖排“长宜子孙”四字铭文，四等分“长宜子孙”铭文，并给予不同的编号。故宫博物院收藏的清乾隆青白玉匜形杯（图 11）①，为仿古青铜彝器匜的造型，盖内楷书乾隆御题五言诗，介绍了乾隆皇帝提倡仿古玉的情况，具有很高的史料价值。

需要注意的是，明清两代传世玉器数量很大，玉器世俗化特征更为明显，讲究“图必有意，意必吉祥”，不论是动物还是植物，均被赋予吉祥美好的寓意。如狮子常作一大一小两只狮子造型，谐音“太师少师”，寓意仕途顺畅，子嗣昌盛；象驮宝瓶谐音“太平有象”，寄意天下太平。器物上饰牡丹寓意“富贵如意”，饰蝙蝠与寿字寓意“福寿如意”等。

总之，从魏晋南北朝至清代，玉器从庙堂灵物逐渐步入人间烟火，从王权之玉变为凡尘雅玩。小件玉器常用来把玩，如玉带钩、圆雕吉祥动植物；有些兼具陈设与使用双重功能，如玉碗、玉壶、文房用具等；有些专门用来陈设欣赏，如玉插屏、玉山子、玉如意、玉花插等。用玉来修养身心、陶冶情操，表达吉祥美好的愿望，成为这一时期用玉的主要特征。

① 清乾隆青白玉匜形杯，故宫博物院藏。图片采自古方主编：《中国古玉器图典》，文物出版社，2007 年，第 401 页。

目录

前言

01 玉器起源 003

02 玉为灵物 010

第三单元

以玉比德

075—138

01 君子佩玉 077

02 君子贵玉 104

第四单元 以玉养性 139—221

01 佩玉吉祥 141

02 雅物怡情 176

03 慕古识真 212

结语 222

后记 223

前言

夫玉，石之美者，出自山河，显于王侯。

取天地之精，通神明之性，扬帝王之襟，证君子之德，养凡尘之雅。

临江之畔，璞石无光，经年磨砺，温润有方。爱玉之尤，无逾君子；诗咏千载，粲然华章。

盘古开天，天地始分，先民打石以制锛凿，耕作不息，辨美玉为饰，奉为神物。巫觋通天，质之鬼神，绝地天通，以为祷誓。夏商以降，禹汤为王，玉作六器，璧、琮、圭，琥、璜、璋，以礼天地四方。礼玉之制，臻于完备。

玉者润洁，比德君子。色如雪，泽如雨，润如膏，光如烛。礼玉者王侯之名器，佩玉者君子之常度。南山之南，君子如玉，佩玉锵锵，寿考不忘。皎皎明月兮，烁烁琼琚；金声玉振兮，追慕周风。

玉质贞明，泛有霞光。降自昆仑，瑞玉吉祥。昔有和氏隋侯之彩，后有春水秋山之煌。宋人尊古，兼仿汉唐。子冈之器，以为圭臬；乾隆官作，不遑多让。玉石之分，已历万载；怡情养性，赓续绵长。

华夏万年，玉魂此间。

01 玉器起源

美石为玉，亿载而成。

玉之起源，与石器分化同步。新石器时代早期，先人在磨制、钻孔、抛光等制作工艺上有了较大发展，并有意识地选择颜色、韧性、硬度俱佳的美石加工，在实用和美观的基础之上，制作出了早期玉器形态。

其质坚，初为工具，作锛凿斧铲之形，为生产所用；

其色美，渐成饰物，抛光打磨成饰品，穿孔绳佩戴。

玉之初现，审美觉醒，原始朴拙。

石珠管串

新石器时代彭头山文化（距今 9000—7900 年）

长 1.2—2 厘米，直径 1—1.2 厘米

1988 年澧县大坪乡彭头山遗址出土

湖南省文物考古研究所藏

【说明】 此类石珠管串饰在彭头山文化的彭头山遗址出土有 56 件、八十垱遗址出土有 162 件，材质为油页岩类，近似墨碳石，质软，外表乌黑铮亮，均呈近圆柱形体，两端对钻孔。两端面不平整，略成七边或八边形。此 5 件石珠管出土于彭头山 M37，放置在墓主盆骨中央，是湖南目前已知最早的珠管串饰，可起装饰作用。

绿松石小璧

新石器时代彭头山文化（距今9000—7900年）
直径1厘米，厚0.3厘米
1993年澧县梦溪乡八十垱遗址出土
湖南省文物考古研究所藏

【说明】 略成圆形，较薄，中心穿有一小孔，光素无纹，这是南方地区出土年代较早的绿松石制品，经抛光后呈现柔润淡雅的光泽，成为从石器中分离出来的精美饰品，是玉质装饰品的前身，体现出玉器、石器分化的最初动力源于古人对美观和实用的现实追求。

球形玛瑙珠

新石器时代彭头山文化（距今9000—7900年）
长1.1厘米，宽1厘米，高1厘米
1993年澧县梦溪乡八十垱遗址出土
湖南省文物考古研究所藏

球形玛瑙珠局部

【说明】 这件球形玛瑙珠是南方地区出土时代较早的玉髓类器物。因其自身的颜色与质地的不同，被率先从石质器物中分化出来，被抛光打磨之后，成为彰显地位与审美意趣的人类早期物品。

带穿石饰

新石器时代

长4.8厘米，宽4厘米，厚0.6厘米

南阳市方城县杨娄庄采集

南阳市文物考古研究所藏

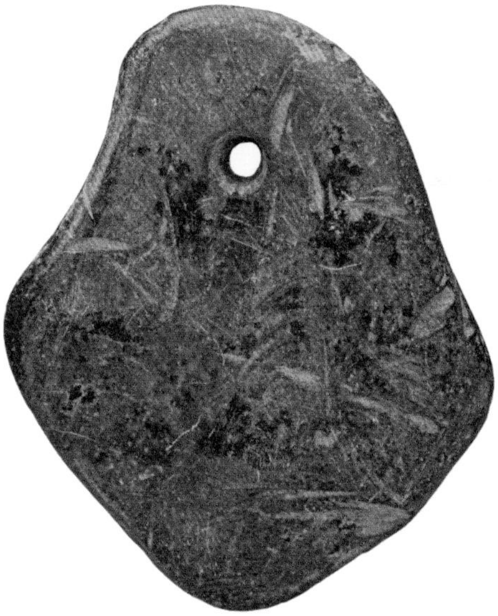

【说明】　石质，通体磨光。扁平状，不规则形，上部有一个对钻穿孔，或为穿戴系绳之用。此件石饰磨制、打孔等制作工艺已趋于成熟，属于石器与玉器开始分化阶段的产物。

玉工具

新石器时代

南阳市文物考古研究所藏

玉斧

长 16.5 厘米，宽 7.5 厘米，厚 3.5 厘米

南阳市新野凤凰山采集

玉凿

长 8.5 厘米，宽 2.3 厘米，厚 2 厘米

南阳市新野邓禹台采集

玉犁

长 17.4 厘米，宽 13.3 厘米，厚 1.3 厘米

南阳市新野凤凰山采集

【说明】 这是一组新石器时代使用南阳独山玉制作的工具类玉器，包括玉犁、玉凿、玉斧、玉锛等多种类型，都是古人从事生产生活时所使用的工具，是在经过精心磨制、钻孔等工艺加工之后形成的最朴素的玉器形态，是玉器发展初萌阶段的产物，呈现出原始朴拙之美。

玉锛

长7.7厘米，宽5.3厘米，厚3.5厘米

南阳市西峡县杨岗出土

玉斧

长10.2厘米，宽6.5厘米，厚1.6厘米

南阳市西峡县老坟岗采集

玉为灵物

02

天地出礼神之玉，灵巫皆以玉事神。

新石器时代晚期，玉成为部落首领和巫觋的身份象征，同时也是祭祀仪式时的通神灵物。

东北地区的红山文化，江淮地区的凌家滩文化，海岱地区的大汶口文化、龙山文化，太湖流域的良渚文化，长江中游地区的大溪文化、肖家屋脊文化以及陕北的石峁文化和黄河上游的齐家文化等均发现有大量玉器，种类繁多，既是权力、财富的象征，亦是祭典中的通神礼器。

玉戚

新石器时代大溪文化（距今6500—5300年）
长20厘米，宽13.45厘米，厚0.4厘米
2004—2005年洪江市高庙上层文化遗址M27出土
湖南省文物考古研究所藏

【说明】 整体为玉斧形，顶端两侧有扉棱，是目前发现年代最早的带有扉棱的玉器。玉戚与玉钺同源，是由新石器时代的石斧演化而来，属于玉礼器，此玉戚显然非一般部落成员所能持有，是拥有者军事领袖身份与地位的象征。玉礼器的出现，反映出古人精神世界的转变、原始宗教开始萌生、部落成员等级逐步分化。玉礼器既是地位和权力的象征，又是敬天事神的圣物。

玉玦、玉璜

新石器时代大溪文化（距今 6500—5300 年）

2004—2005 年洪江市高庙上层文化遗址 M26 出土

湖南省文物考古研究所藏

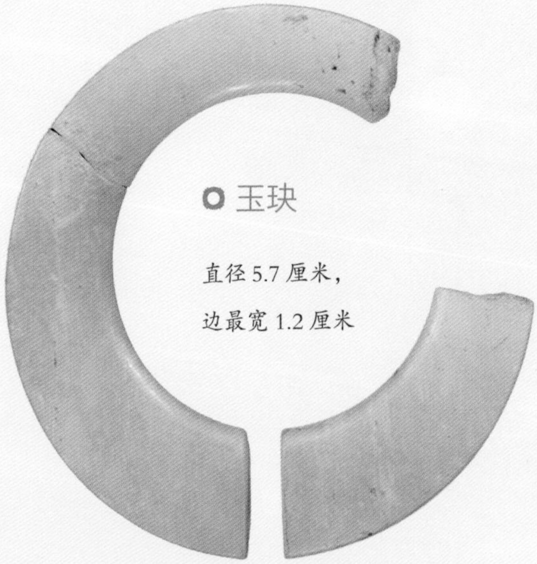

◎ 玉玦

直径 5.7 厘米，

边最宽 1.2 厘米

澧县城头山大溪文化（距今 6500—5300 年）M687 两件玛瑙璜，
出土于墓主颈上，表明该玉璜已具有礼仪性质。

玉璜

长 23 厘米，
最宽处 1.4 厘米

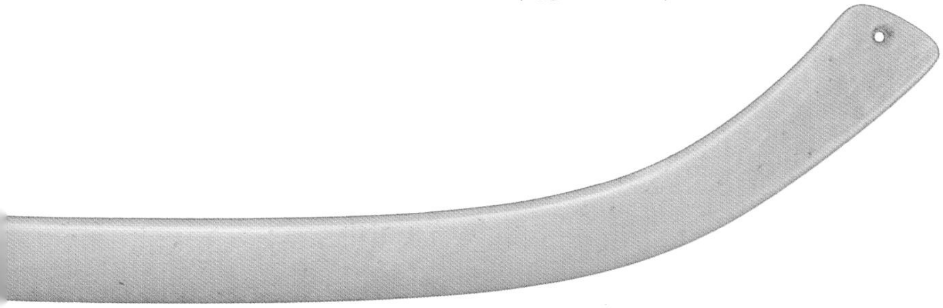

玉璜

长 13.9 厘米，
厚 1.2—1.4 厘米

【说明】 这 3 件玦、璜为石英玉。玉玦、玉璜为大溪文化中最具代表性的玉器种类。玉玦多为耳饰，玉璜为半环形，两端琢象鼻穿小孔，为穿绳之用，属于装饰玉。湖南大溪文化出土了数量较多的玉璜，绝大多数出土时位于墓主的颈下或胸前，其作用已不单纯是具有装饰美化功能，更多具有宗教、礼仪社会功能。

玉铲

新石器时代

长 14 厘米，宽 4.1 厘米，厚 0.75 厘米

南阳市桐柏县月河镇左庄村春秋墓 M1 出土

南阳市文物考古研究所藏

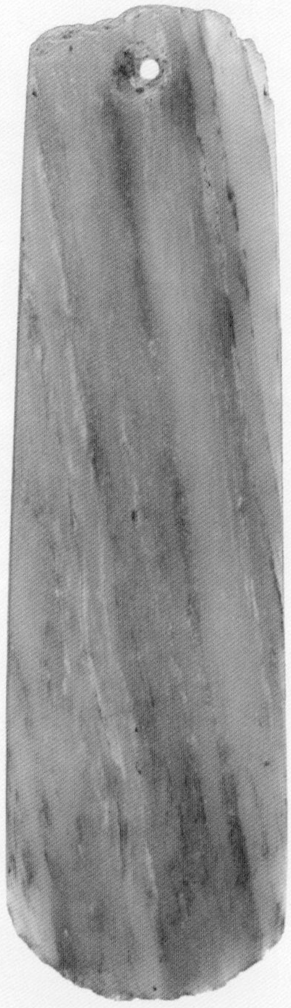

【说明】 片状，中部略厚，单面直刃。顶部居中有一单面钻孔，为系绳之用。此件玉铲为青白色透闪石玉，细腻通透，器型美观，整体扁薄，虽为玉铲之形，但其实用性已不如从前，取而代之的是欣赏与审美属性。成为身份、地位的象征和代表权威的神物。

澧县孙家岗 M14 玉器

新石器时代肖家屋脊文化（公元前 2100—前 1700 年）
1991 年澧县孙家岗 M14 出土
湖南省文物考古研究所藏

【注】“澧县孙家岗 M14 玉器”为一组同出玉器，此组玉器中的单件均用 ◎ 符号标示。后文组类玉器同。

◎ 玉笄

长 15.7 厘米，
最大径 0.72 厘米

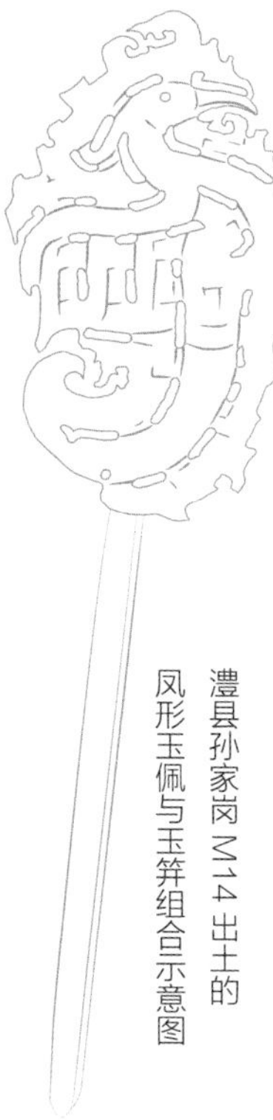

澧县孙家岗 M14 出土的凤形玉佩与玉笄组合示意图

◎ 玉笄

长 9.8 厘米，
宽 0.86 厘米

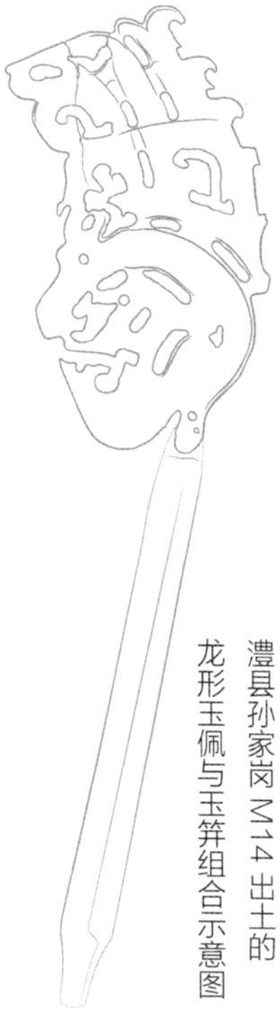

澧县孙家岗 M14 出土的龙形玉佩与玉笄组合示意图

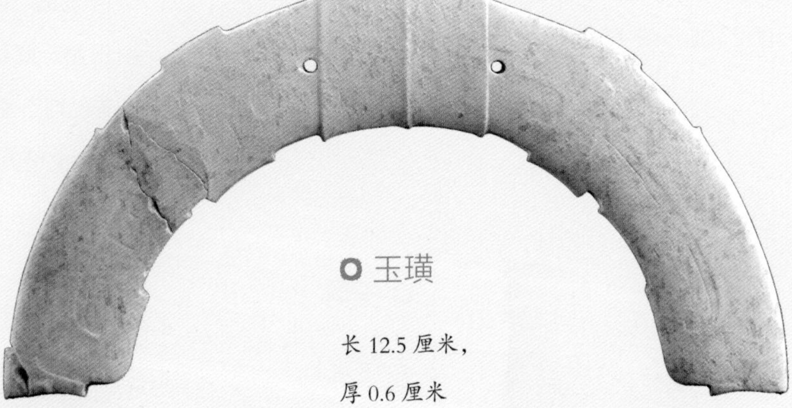

玉璜

长 12.5 厘米，
厚 0.6 厘米

圆片状玉坠

最大直径 1.85 厘米

玉璜

长 4.4 厘米，
宽 1.5 厘米

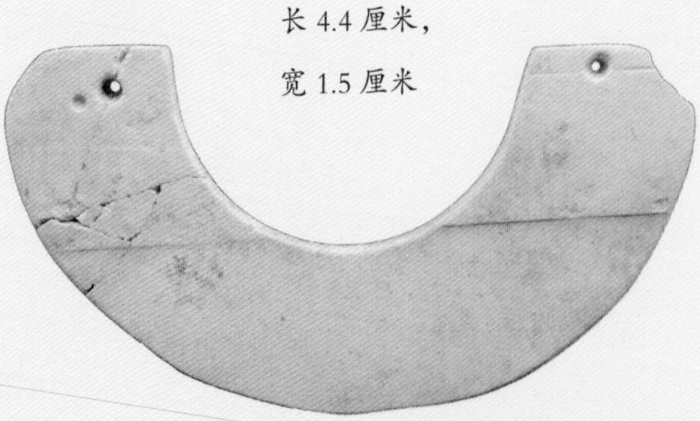

玉璧

直径 4.4、厚 0.3 厘米

条形玉坠（2 件）

长 1.81 厘米、1.85 厘米

方柱形玉管

长 2 厘米

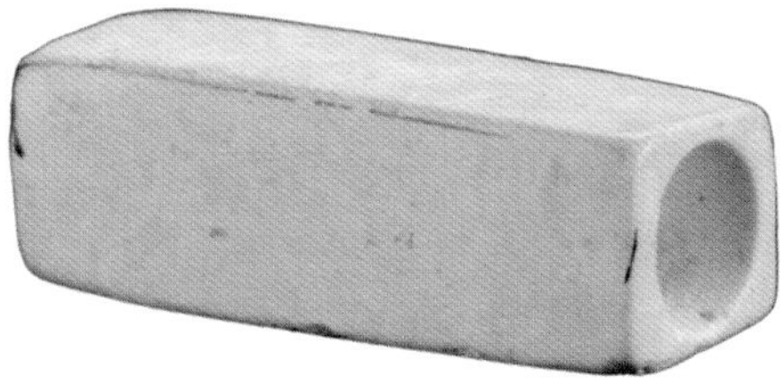

【说明】 这组玉器都出自澧县孙家岗遗址14号墓，墓中共出土玉器14件，大部分位于墓主头、颈部位。2件玉笄与著名的2件“龙凤呈祥”玉佩，出土于墓主人头部右侧位置，应为玉发饰；2件玉璜，应是墓主的项饰或上胸部饰；圆片状玉坠、条形玉坠与另一件残玉坠出土于墓主头部，可复原成一串项饰；方柱形小玉管出土于墓主右手位置，管孔径偏大，管两端四个射面稍宽；玉璧尺寸较小，出土于墓室最东端靠近墓主头部左侧，礼器的功能更明显。这些玉器是巫觋用于沟通人神的物品。玉笄与龙、凤形玉佩组合为玉簪，被视为寓意引导墓主通神的艺术神器，以衬托人的威严，同时赋予人某种神力。

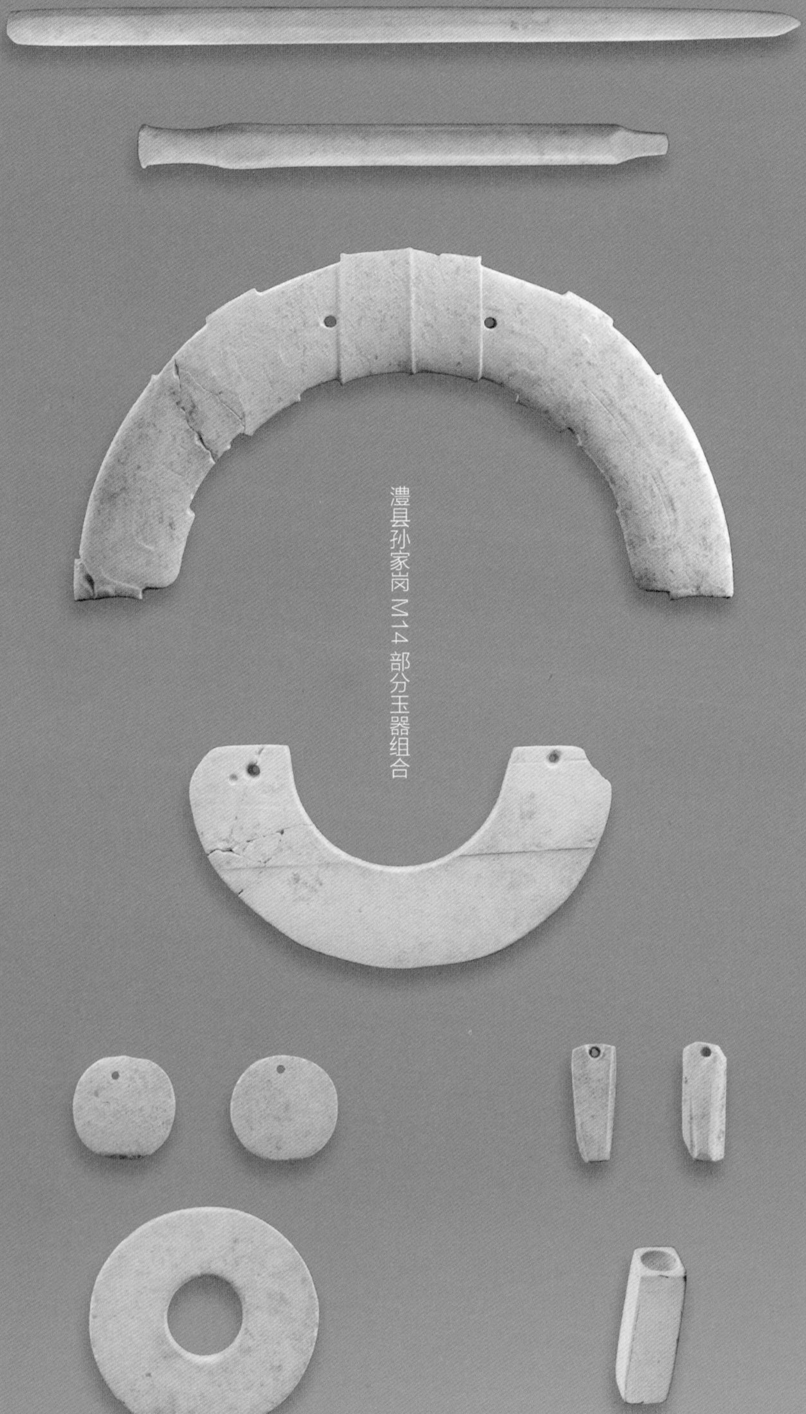

澧县孙家岗 M14 部分玉器组合

玉璧

新石器时代肖家屋脊文化（公元前2100—前1700年）
直径 10 厘米，孔径 3 厘米，厚 0.7 厘米
1991 年澧县孙家岗遗址 M9 出土
湖南省文物考古研究所藏

【说明】 这件玉璧出自澧县孙家岗遗址 9 号墓，竖穴土坑，尸骨已腐朽，放置陶器颇多，玉璧置于墓主胸部位置。玉璧制作规整，素面光洁，轻微受沁，可见原质地杂青色条纹。玉璧是新石器时代典型的礼仪玉，其制作精美，是彰显身份、地位和权利等级的标志。部落巫觋利用玉璧以祭祀神明，构建起灵魂升天的通道，向神明祈求福泽的降临。

獠牙神像玉牌饰

新石器时代肖家屋脊文化（公元前 2100—前 1700 年）

残宽 7.9 厘米，高 4.7 厘米，厚 0.3 厘米

2018—2019 年澧县孙家岗遗址 M149 出土

湖南省文物考古研究所藏

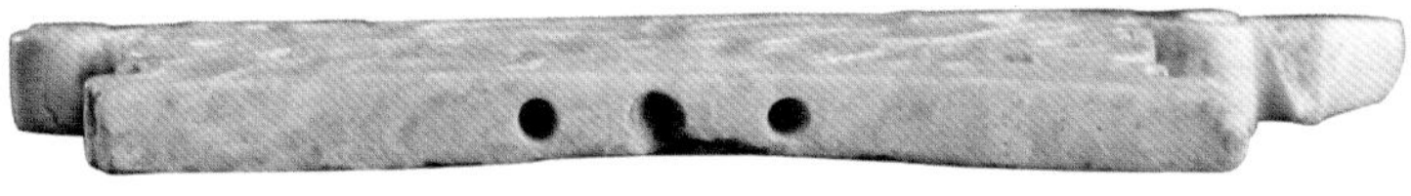

【说明】 透闪石，灰白色不透明，多黄沁。片状，方形。正面阳纹，背面有对应阴纹。顶面正中有钻孔，底面见三个钻孔。此件玉牌饰神人表情夸张，巨目獠牙，是先民心目中“神祖”的形象，与湖北出土的神祖形象极为相似，当为同源发展的原始宗教信仰。同时，此牌饰既反映出当时玉器制作工艺水平的精湛，又向世人描绘出先民精神世界的图样。使用时，将此神像嵌饰在长杆上，用以招降神灵。

玉 祖

新石器时代肖家屋脊文化（公元前 2100—前 1700 年）

长 2.65 厘米，直径 1.3 厘米

1991 年澧县孙家岗遗址 M3 出土

湖南省文物考古研究所藏

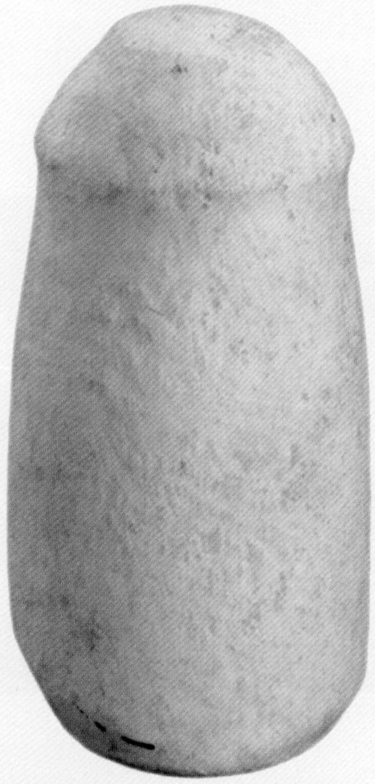

【说明】 玉祖是史前文化中用玉制作的男性生殖器，用以崇拜、祭祀之用。红山文化、大汶口文化都有发现。这件玉祖的出现，表明肖家屋脊文化生殖崇拜已经融入了古人的日常生活，与同时期出土的玉神人头像一起描绘了古人心中的祖先与神祇。

鸟首玉璜

新石器时代肖家屋脊文化（公元前2100—前1700年）
整体宽6.7厘米，高5.5厘米，器身宽1.2厘米，厚0.5厘米
2018—2019年孙家岗遗址M147出土
湖南省文物考古研究所藏

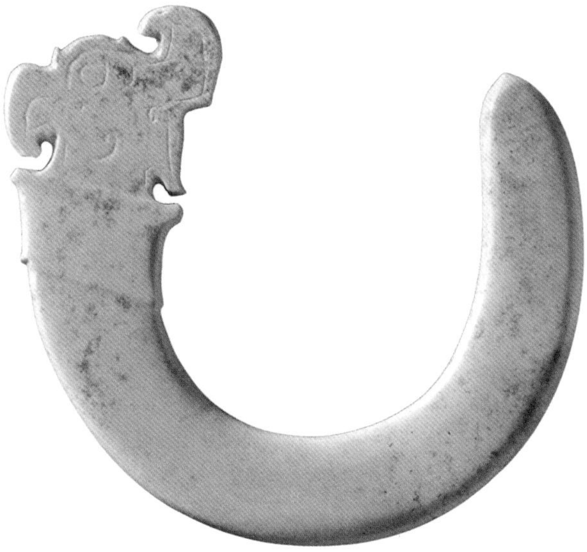

【说明】 透闪石，受沁呈鸡骨白色，片状，整体呈U型，一端雕出鸟首与颈部，另一端呈尖状，鸟首向外，勾喙，有顶翎，两面对称以阴刻线表现出眼、喙、颈、羽等特征。玉璜多是为巫术仪式服务的礼器，作为装饰品挂戴在身上，既彰显身份地位，又是神与人之间沟通的媒介。

澧县孙家岗玉笄

新石器时代肖家屋脊文化（公元前 2100—前 1700 年）

湖南省文物考古研究所藏

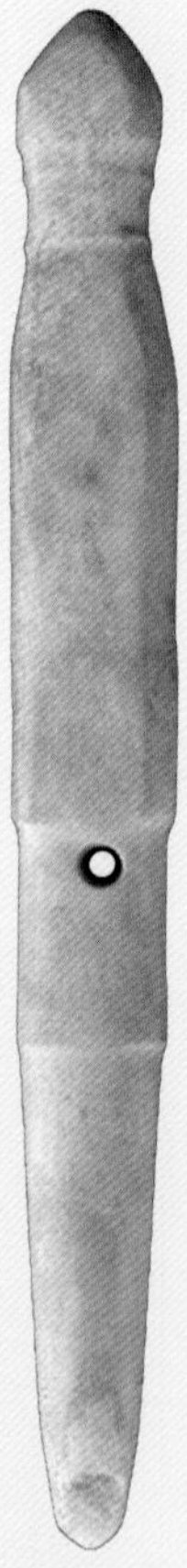

玉笄

长 10.5 厘米，宽 2.6 厘米

1991 年澧县孙家岗遗址 M9 出土

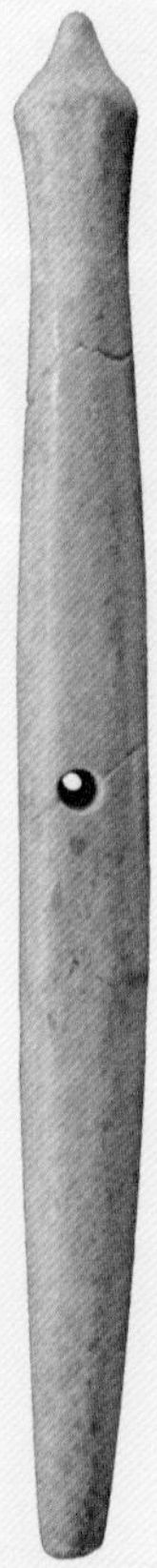

玉笄

长 9.9 厘米，宽 0.8 厘米

1991 年澧县孙家岗遗址 M9 出土

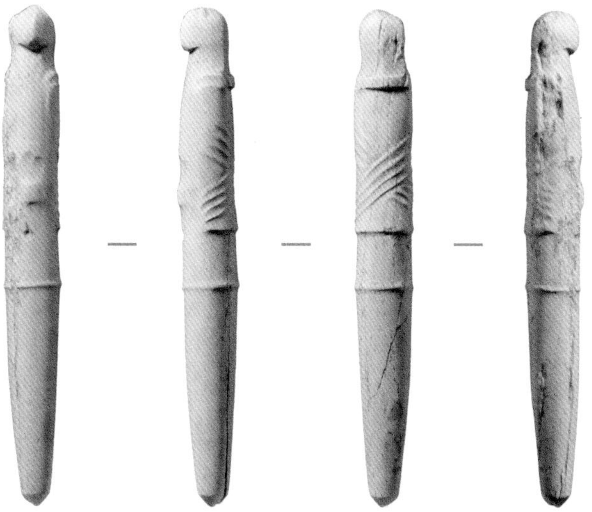

鹰形玉笄

长 15.9 厘米

2017—2018 年澧县孙家岗遗址 M136 出土

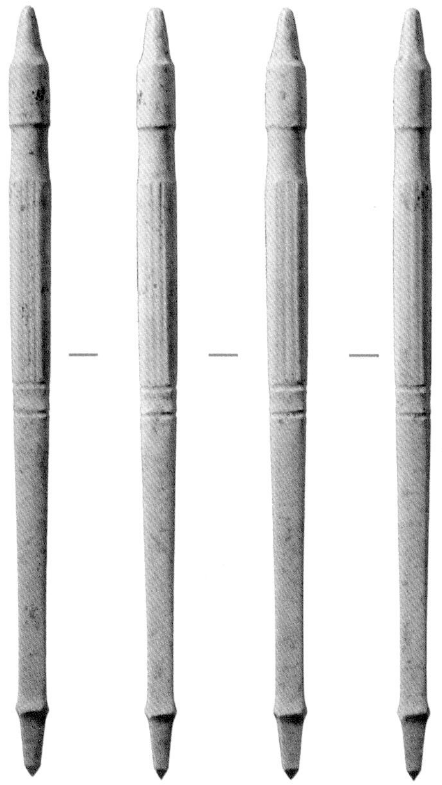

玉笄

长 16.2 厘米

2017—2018 年澧县孙家岗遗址 M64 出土

【说明】 玉笄是肖家屋脊文化的代表器物之一。器型多为圆柱形，纹饰多施以减地法，笄首有圆锥形、方锥形、鹰形等。玉笄多为实用器，器身大多有钻孔，绕绑发髻的绳索可以穿过此孔，起固定作用。鹰形笄是肖家屋脊文化中典型的玉笄形态，雕琢各有简繁，风格写实。在图腾信仰的鸟纹饰中，鹰纹是最常见的。古人崇拜鹰的英武、勇敢，把鹰的形象雕琢于玉笄之上，亦是为了凭藉鹰的神力突显自己的权力与地位。

澧县孙家岗虎形玉器

新石器时代肖家屋脊文化（公元前2100—前1700年）

湖南省文物考古研究所藏

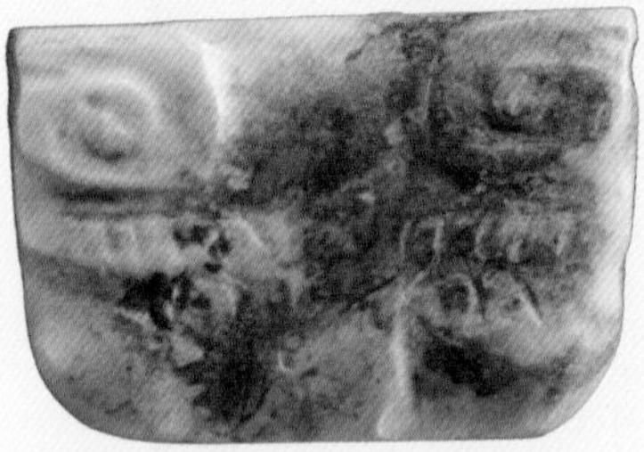

圆雕玉虎头（2件）

上：长1.3厘米，宽1厘米，厚0.6厘米；

下：长1.5厘米，宽1厘米，厚0.5厘米

2017—2018年澧县孙家岗遗址M71出土

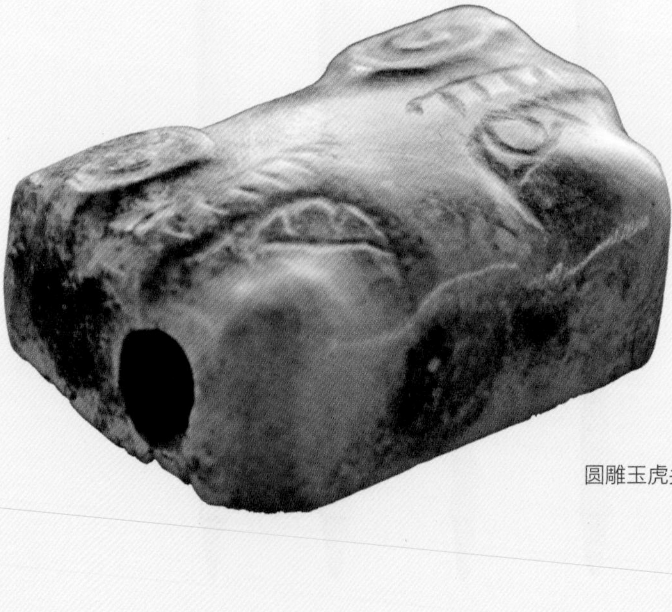

圆雕玉虎头全貌

【说明】 这组玉虎头是肖家屋脊文化中典型的动物形玉器。两件圆雕玉虎头两侧有穿孔相通，构形简练，圆睛有神，或为辟邪瑞兽，或为通天神兽。片状玉虎头，以圆雕结合双面阳线勾卷纹，阴刻与镂空表现出虎耳、鼻、眼，微张之嘴部有咬合之獠牙，嘴部的圆孔可系挂穿戴，为巫觋用于沟通人与神的灵物。肖家屋脊文化遗址出土较多虎形饰，表明这一时期崇虎信仰非常盛行。

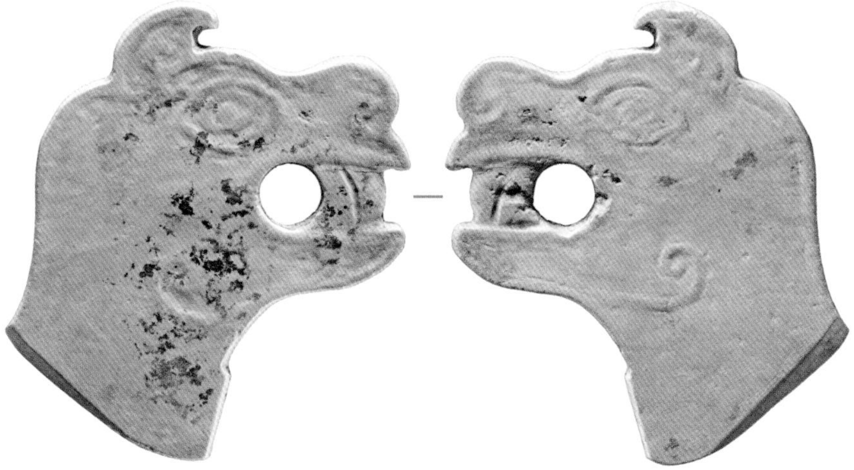

片状玉虎头

长 4.2 厘米，宽 3.4 厘米，厚 0.4 厘米

2017—2018 年澧县孙家岗遗址 M87 出土

玉 蛙

新石器时代肖家屋脊文化（公元前2100—前1700年）
长4.3厘米，宽3.2厘米，厚0.3厘米
2017—2018年澧县孙家岗遗址M71瓮棺墓出土
湖南省文物考古研究所藏

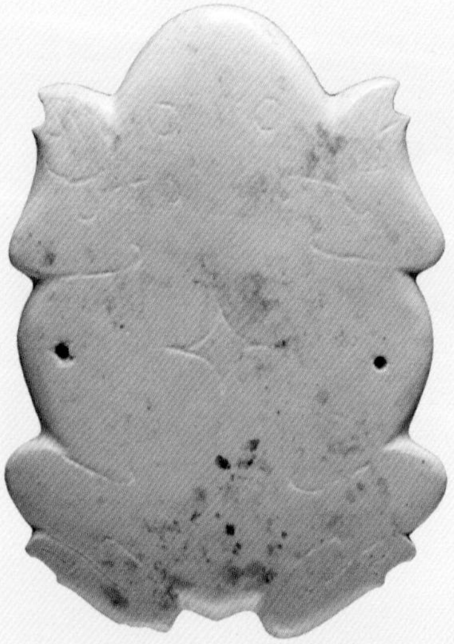

【说明】 玉质受沁为粉白色，片状，正面微凸，两侧有单面钻孔一个，表现为一只屈肢之蛙的形态。蛙是古代先民崇拜的图腾，因其旺盛的繁殖能力，多子多育，被膜拜为生育之神，是繁衍不息的象征。玉蛙作为特有的精神信仰，蕴含着先民对安定生活与繁衍生息的美好祈愿，是其对动物精灵崇拜的反映。

玉蝉

新石器时代肖家屋脊文化（公元前2100—前1700年）
长2.5厘米，宽1.1厘米，厚0.7厘米
2017—2018年澧县孙家岗遗址M85出土
湖南省文物考古研究所藏

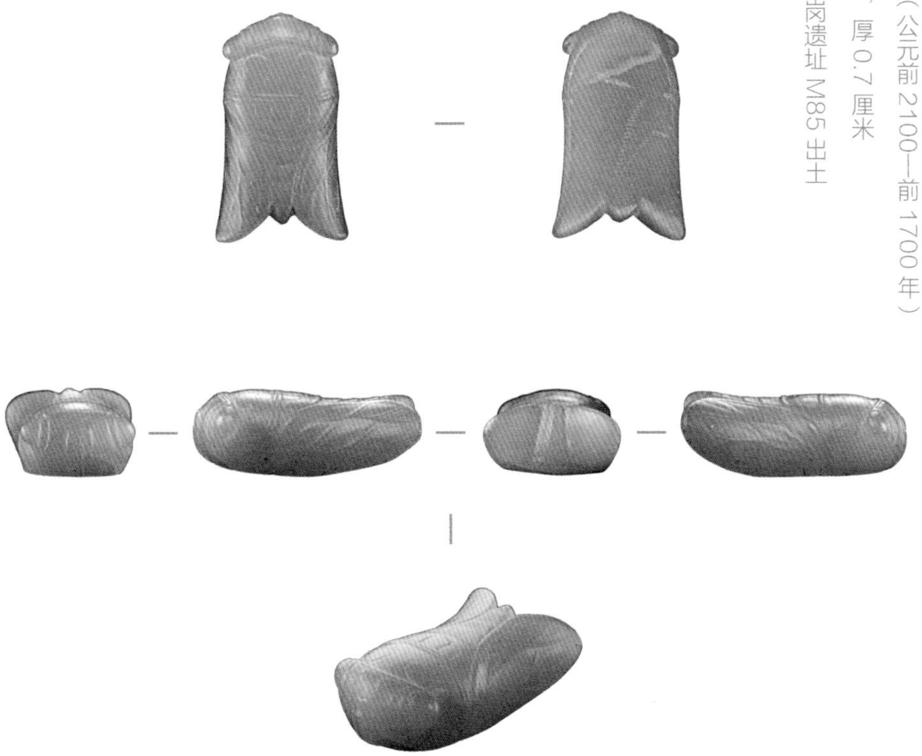

【说明】 白云母—伊利石，黄色，晶莹微透明。整体略呈长方形。通体打磨光亮，雕琢精致且风格写实。玉蝉是肖家屋脊文化中的重要玉器，蝉的吻部往往雕琢为介字冠。蝉鸣高亢歌颂生命的力量，蝉蜕壳重生又有重获新生的寓意，先民通过与蝉交往，理解生命的意义。

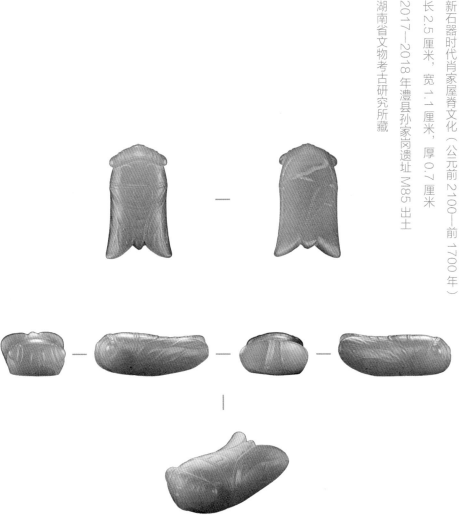

玉纺轮

新石器时代肖家屋脊文化（公元前 2100—前 1700 年）
直径 3.3 厘米，厚 0.6 厘米
1991 年澧县孙家岗遗址 M8 出土
湖南省文物考古研究所藏

【说明】 该器出自墓中部的陶器之上，斜边，两面平整，剖面成梯形，中部穿孔，素面光洁，玉质受沁成粉白色。纺轮最早为石片，后为陶制，中间穿孔为插转杆之用，是纺织过程中重要器物。此件玉纺轮做工精致，通体抛光，中部穿孔孔径较小，是否为实用器尚需考察。亦或为特制礼器，与玉质工具一样成为祭祀用器。

第二单元

以玉载礼

JADE REPRESENTING THE RITUALS

THE SOUL OF JADE

ANCIENT CHINESE JADE CULTURE

中国古代玉文化

玉魂

玉从王权

01

才下神坛，又登王座。

新石器时代末期，部落联盟向统一的国家形态过渡。夏商立国，国王在兼并战争中逐渐掌握最高权力。

王权崛起，神权式微，巫觋成为服务于王权的卜师，玉器不再是由其掌管的“神物”。

玉器由神玉走向王玉阶段，用以代表王权权威，明确了仪仗礼器、祭祀礼器、丧葬礼器等。

周公制礼作乐，玉器成为区分等级贵贱的标志，成为礼仪的载体，玉器发展完全进入礼玉文化阶段。

玉璋

龙山文化晚期至二里头文化时期（约公元前 2300—前 1550 年）
长 31.4 厘米，宽 4.1—5.9 厘米，厚 0.7 厘米
南阳市桐柏县月河镇左庄村春秋墓 M1 出土
南阳市文物考古研究所藏

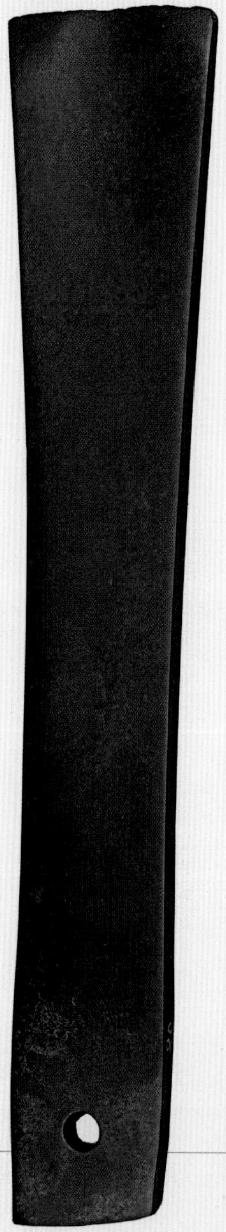

【说明】 呈扁平窄条形，器身一侧略凹收束，刃端略宽，一面有刃，柄部有一单面钻孔。整体完整，琢磨精细。玉璋为古代祭祀所用的礼器，用途广泛，也是王权社会持有者身份与地位的象征。

玉璧

夏（公元前2070—前1600年）
直径12.6厘米，孔径6厘米，厚0.5厘米
南阳市桐柏县月河镇左庄村春秋墓M1出土
南阳市文物考古研究所藏

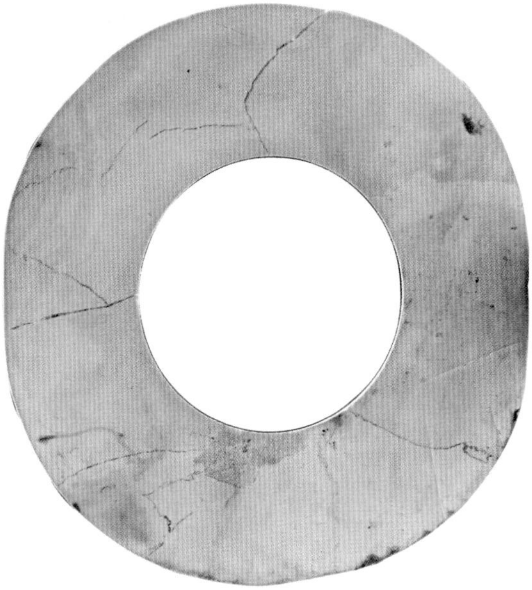

【说明】 乳白色，有少许灰色斑沁，外形不规整，上下两面边缘磨成刀状，光素无纹。此件玉璧出土于墓主头部位置，具有殓尸和表示身份等级的作用。它最初应该是玉戚，后经过改制将其左右两侧扉棱磨掉，使两侧变得平直，从而使它由仪仗兵器转为丧葬礼器，或成为身份象征之器。

玉戚、玉钺

夏（公元前 2070—前 1600 年）

二里头文化遗址出土

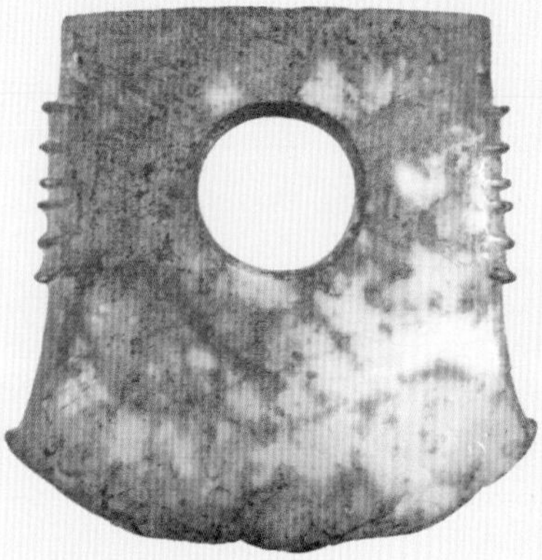

玉戚

长 14 厘米，
宽 14.5 厘米，
厚 0.6 厘米
二里头夏都遗址博物馆藏

玉钺

长 14.9 厘米，
宽 10.4 厘米，
厚 1.2 厘米
中国社会科学院考古研究所藏

【说明】 礼器。戚两侧有扉牙，中间有穿孔。钺刃部为圆弧形，中间有穿孔。二里头遗址出土了众多的大型有刃玉礼器，这些玉礼器脱胎于兵器，但已不具备实用功能，成为显示王权神圣威严的仪仗用器，受到统治者的高度重视。

玉矛

夏（公元前2070—前1600年）

通长21.3厘米，宽5厘米，厚0.8厘米

南阳市桐柏县月河镇左庄村春秋墓M1出土

南阳市文物考古研究所藏

【说明】 南阳独山玉，通体受沁呈黑漆古色，局部微透，精心琢磨。体扁平，呈柳叶形。骹部饰一单面钻孔，一双面钻孔。玉矛为仪仗玉器，脱胎于兵器，成为象征王权的礼器。这类由兵器转化而来的仪仗玉器是夏代等级制度的核心标志，在军事活动中做礼仪之用，显示持有者军事领袖的身份与地位。

玉珠管

商代（公元前 1600—前 1046 年）
长 0.3—4.9 厘米，直径 0.6—1.3 厘米
1963 年宁乡黄材炭河里出土
湖南省博物馆藏

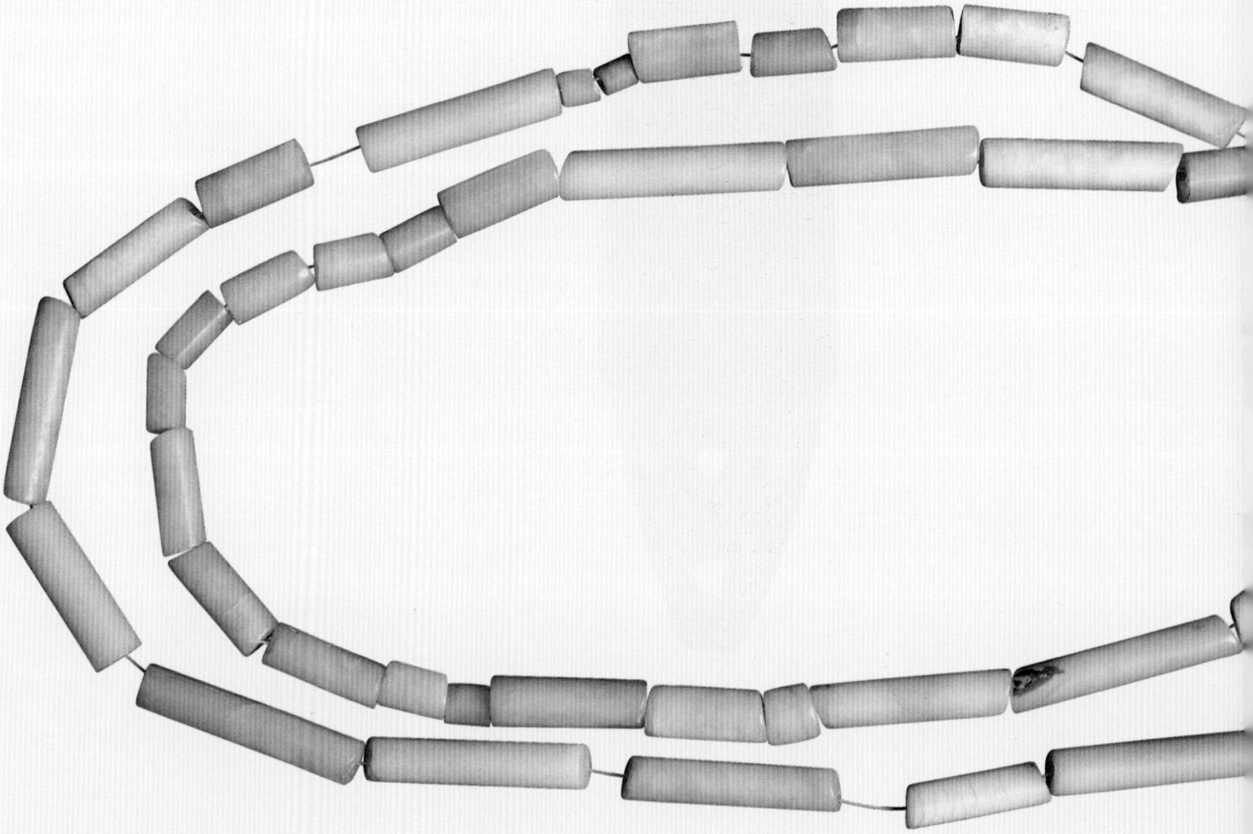

【说明】 这批玉珠管出土于埋在河洲的兽面纹青铜提梁卣中，共有1174件。材质多为青白色透闪石，少数因受铜锈锈蚀严重而呈浅绿色和深绿色。玉管两端多做斜切面，极少为平面，玉珠有扁球形、算珠形、椭圆体形等多种。这些珠管出土于窖藏青铜器中，除具有一般佩饰属性外，还附加了礼器的作用，应是作为祭品祭祀河川的礼器。

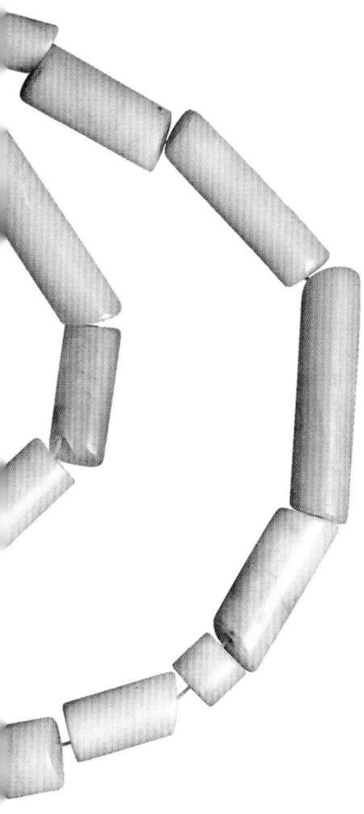

内贮玉珠玉管1174件的兽面纹『癸冈』铭文青铜提梁卣

宁乡黄材王家坟山玉器

商（公元前 1600—前 1046 年）

1970 年宁乡黄材王家坟山出土

湖南省博物馆藏

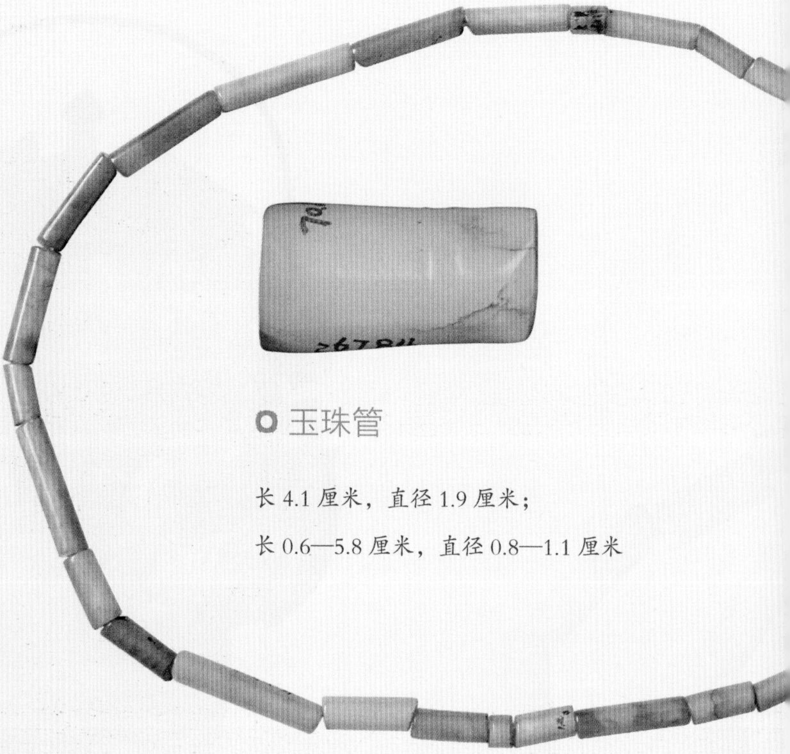

玉珠管

长 4.1 厘米，直径 1.9 厘米；

长 0.6—5.8 厘米，直径 0.8—1.1 厘米

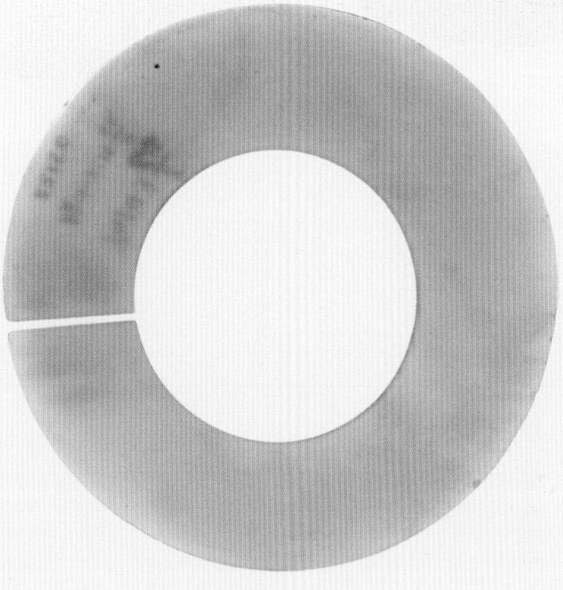

玉玦

直径 10.4 厘米，孔径 5.2 厘米

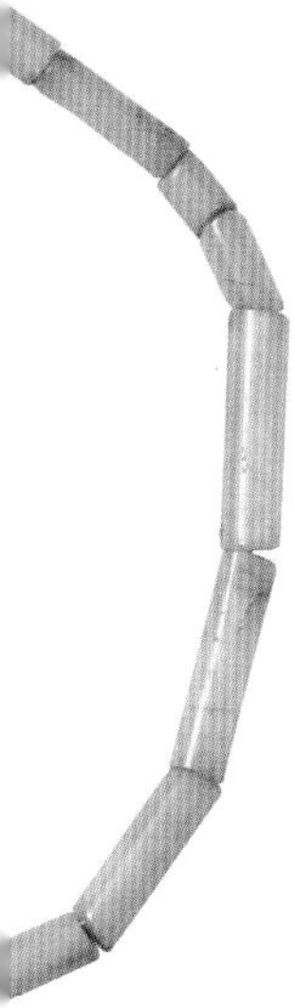

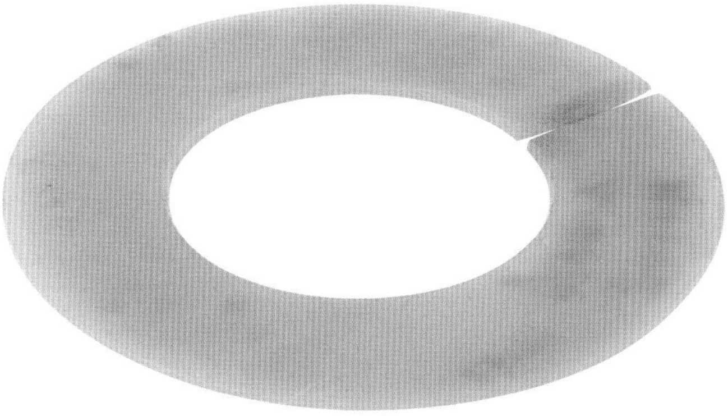

○ 玉玦

直径 8.2 厘米，边宽 2 厘米

内贮 330 件玉器的「戈」字铭文青铜提梁卣

○ 玉玦

直径 5.4 厘米，孔径 3 厘米

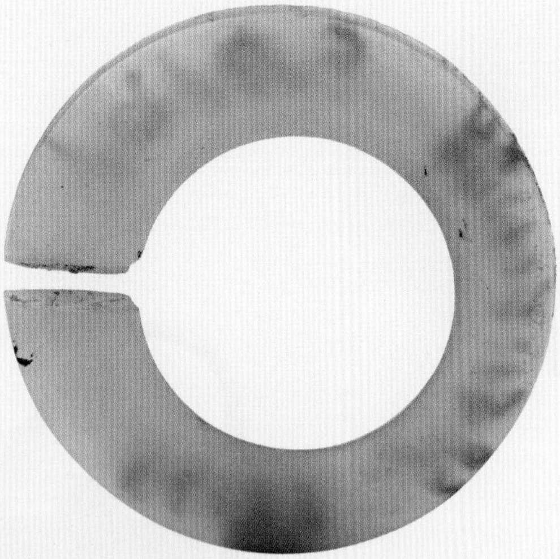

○ 玉玦

直径 2.6 厘米，
孔径 1.5 厘米

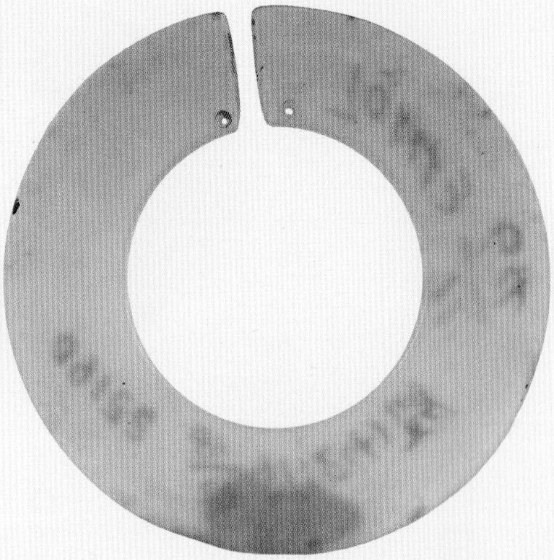

○ 玉玦

直径 5.1 厘米，
孔径 2.8 厘米

○ 玉环

直径 6.8 厘米

○ 玉环

直径 9.2 厘米，
孔径 5.9 厘米，
通高 1.7 厘米

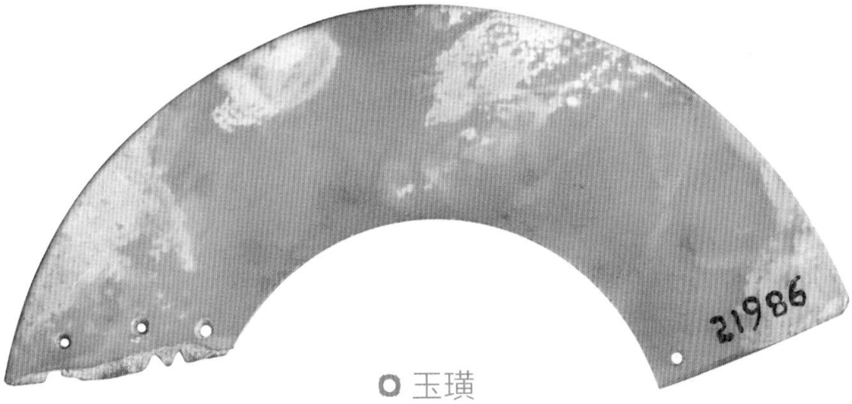

○ 玉璜

长 9.7 厘米，
宽 2.5 厘米

○ 玉环

直径 10.6 厘米，
孔径 6.7 厘米，
通高 1.6 厘米

【说明】 这批玉器出土于王家坟山山丘上的商代“戈”字铭文青铜提梁卣中，器内满贮各种玉器 330 件，其中玉珠管 243 件，玉玦 64 件，玉璜 6 件，玉环 14 件，圆雕玉兽 2 件，圆雕玉龙 1 件。玉珠管以青白色为多，玉玦、玉璜、玉环、玉兽、玉龙皆为青色，打磨光亮，做工精致。这批玉器既有佩饰的功能，同时也是作为祭祀大山的祭品。

宁乡黄材三亩地玉器

商（公元前 1600—前 1046 年）

1973 年宁乡黄材三亩地出土

湖南省博物馆藏

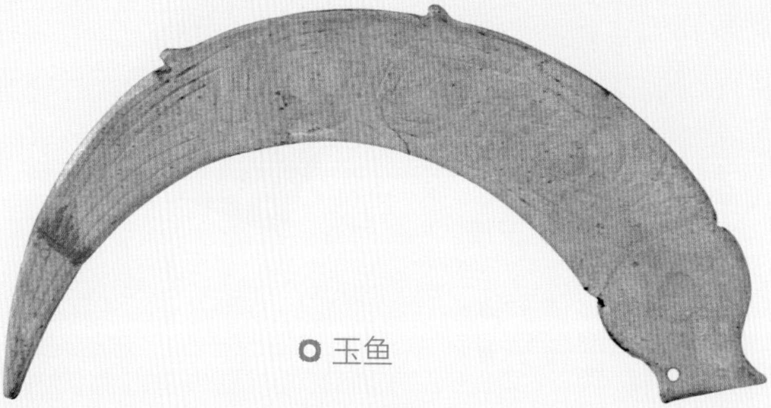

玉鱼

长 6.7 厘米，

宽 1.3 厘米，

厚 0.2 厘米

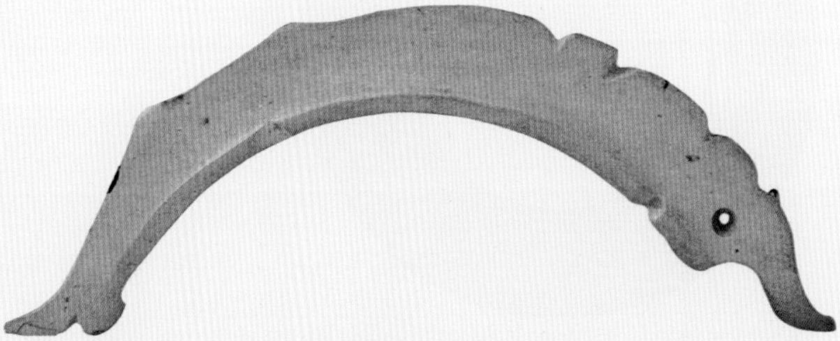

玉鱼

长 6.8 厘米，

宽 0.9 厘米，

厚 0.4 厘米

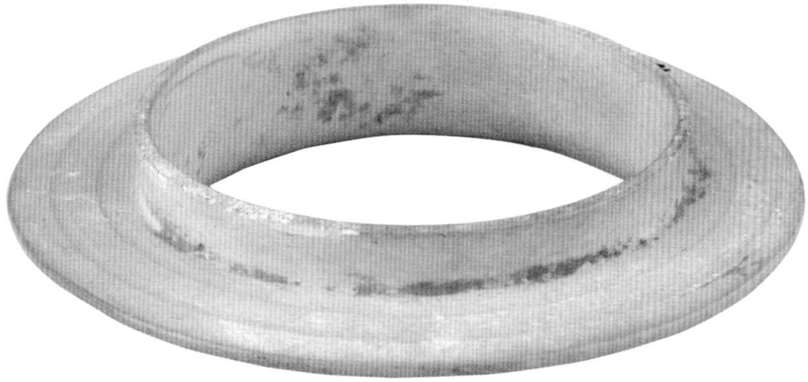

○ 高领玉环

直径 9 厘米

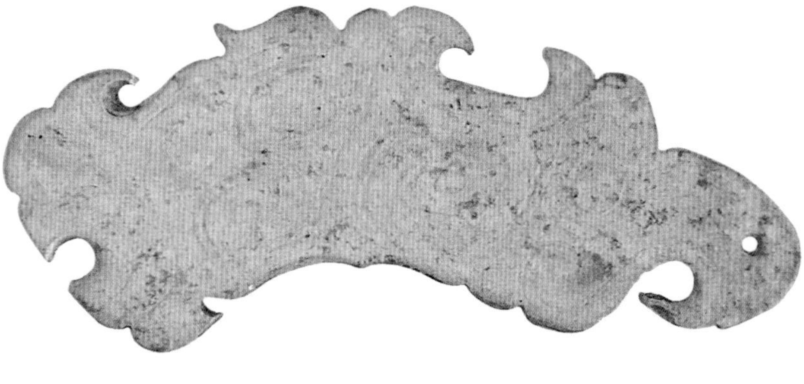

○ 玉兽形佩

通长 7.1 厘米，
宽 2.4 厘米，
厚 0.3 厘米

玉玦（2件）

左：直径 6.8 厘米

右：直径 1.6 厘米

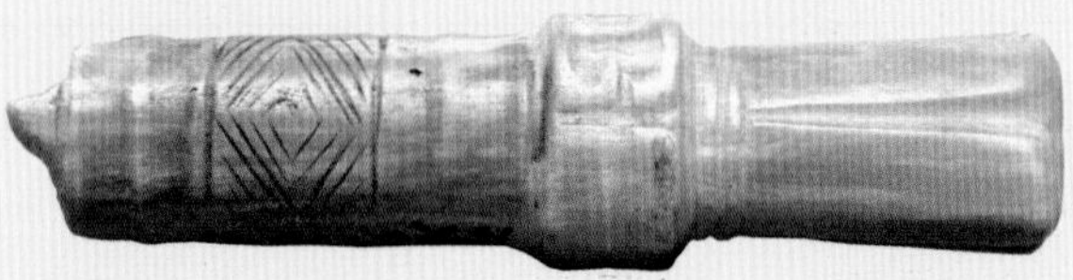

玉柄

残长 6.5 厘米

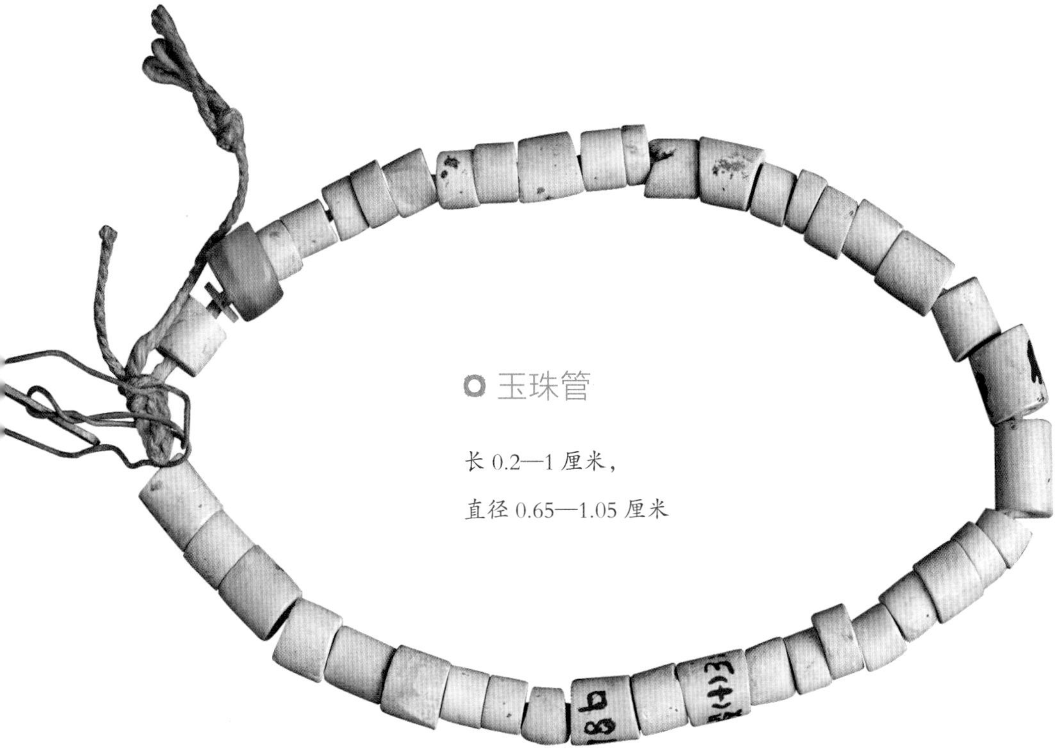

玉珠管

长 0.2—1 厘米，

直径 0.65—1.05 厘米

【说明】 这批玉器出土于三亩地山脚下一个放置青铜云纹大铙的椭圆形坑旁边，共 70 件。除一件玉柄略显青色外，其余皆呈鸡骨白色。玉珠管 43 件，玉环 9 件，玉玦 10 件、小玉饼 1 件，玉鱼 5 件，兽形玉片 1 件。玉鱼皆作弧状，身部有勾云纹、直线纹等纹饰，形态生动，制作精巧。兽形玉佩，扁体，似虎，身部有勾云纹，尾上一穿，可供系挂。这批玉器与大铙共同成为先民祭祀大山的祭品。

旁边埋有 70 件玉器的青铜云纹大铙

玉戈

商（公元前 1600—前 1046 年）
长 29.9 厘米，宽 7 厘米，
厚 0.6 厘米，内长 8 厘米
南阳市万家园 M199 出土
南阳市文物考古研究所藏

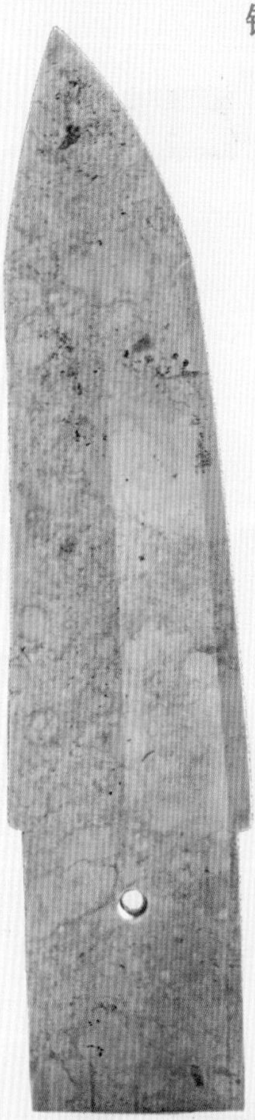

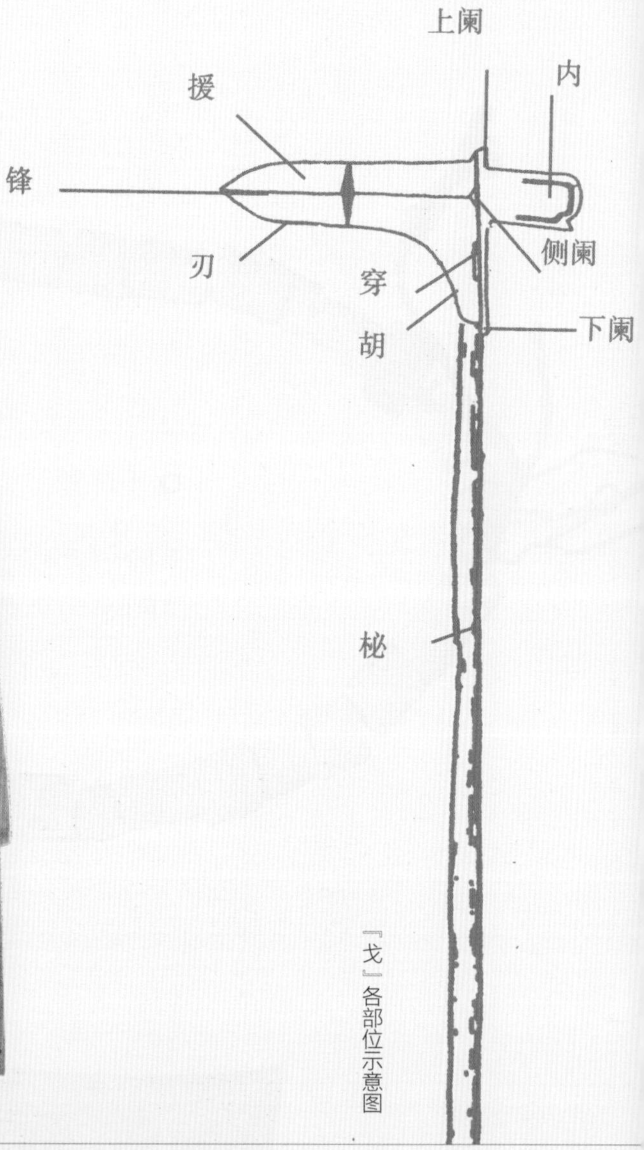

「戈」各部位示意图

【说明】 淡黄色、局部微透，通体抛光。直援直内，内部较直，与援相交处有一个单面孔，其上可见横向和纵向的弦纹，部分已被磨掉。刃部锋利，尖三角形，自尖至内中间，有明显的脊线。戈从新石器时代农业工具尖头石镰演变而来，之后成为专用武器。玉戈是典型的礼仪仪仗用器，其摒弃实用属性成为礼器，象征王权、军权，表明等级。

玉圭

西周晚期至春秋早期（约公元前 877—约前 671 年）
长 31.7 厘米，宽 4.7 厘米，厚 0.2 厘米
南阳市桐柏县月河镇左庄村 M1 出土
南阳市文物考古研究所藏

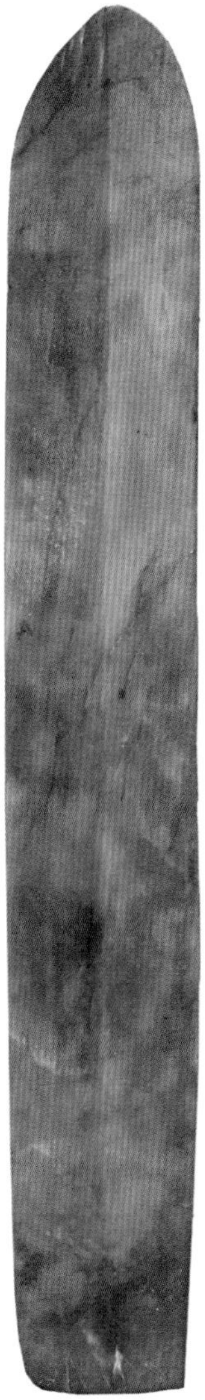

【说明】 体扁薄狭长，器体一面呈脊状凸起，另一面呈钝角凹下。器身遗留较多平直的切割台痕，推测是由片状工具多次锯割而成，截面呈“V”字形。玉圭脱胎于兵器戈，后逐步发展为礼器。典籍中多有记载，玉圭是表现主祭者身份的瑞器，用以祭祀天地、山川、鬼神，象征身份、等级与权力。

玉琮

西周（公元前 1046—前 771 年）

长 4.7 厘米，宽 4.4 厘米，高 2.8 厘米，孔径 3.2 厘米

2002 年洛阳市唐城花园 C3M417 出土

洛阳博物馆藏

【说明】 青灰色，内圆外方，有短射。玉琮始于良渚文化，因其内圆外方的体形与纹饰的有机结合，被赋予人神交往、天人合一观念的特定象征，是重要的礼器。在新石器时代，玉琮被视为巫师通天地、敬鬼神的法器，带有强烈的原始巫术色彩。西周玉琮出土较少，呈高矮不同的方柱体，已失去良渚玉琮那种神秘感，多为祭祀礼器或葬器。

西周（公元前 1046—前 771 年）
洛阳博物馆藏

玉戚

长 13 厘米，宽 8 厘米，厚 0.6 厘米
2002 年洛阳市唐城花园 C3M417 出土

玉戚

长 10.1 厘米，最宽处 4.3 厘米，厚 0.4 厘米
洛阳市机瓦厂 M131 出土

戚形玉佩

长 4.1 厘米，宽 3.2 厘米，厚 0.5 厘米
1964 年洛阳市庞家沟出土

【说明】 这组玉戚形制与夏商同类器相似。西周是宗法社会，具有严格的礼制规范。周人用玉相较前代更进一步，以玉祭祀鬼神、祖宗的同时，又将玉视为人与自然沟通的媒介。前两件玉戚是兵器仪礼化的反映，戚形玉佩则是仪仗兵器发展成为仪礼佩玉的反映。

玉 戈

西周（公元前 1046—前 771 年）

洛阳博物馆藏

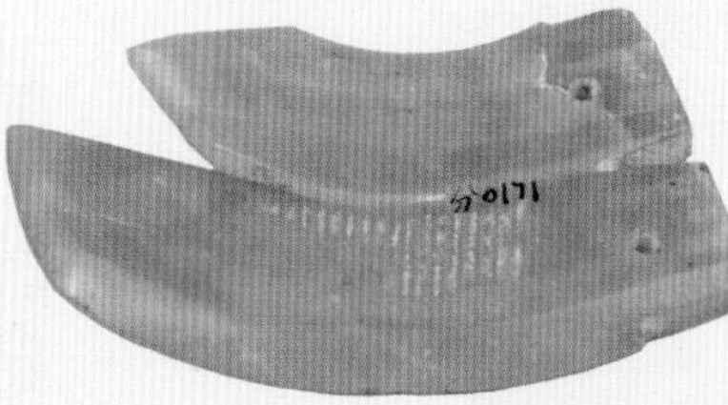

○ 双联体玉戈

长 5.2 厘米，宽 3.8 厘米，厚 0.5 厘米

1964 年洛阳市庞家沟出土

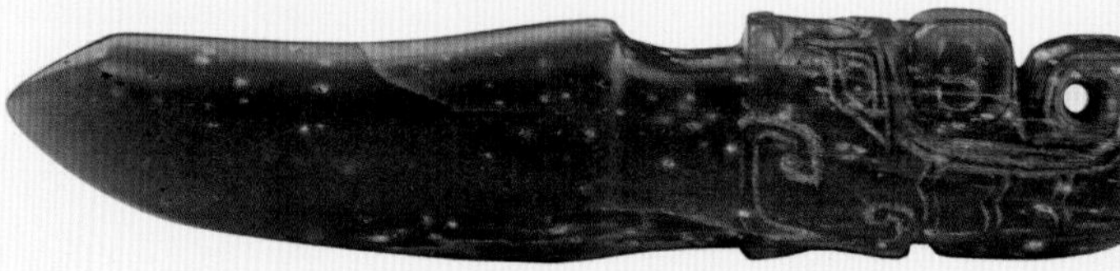

○ 夔龙形柄玉戈

长 10.6 厘米，宽 2.1 厘米，厚 1.2 厘米

洛阳市北窑庞家沟 M215 出土

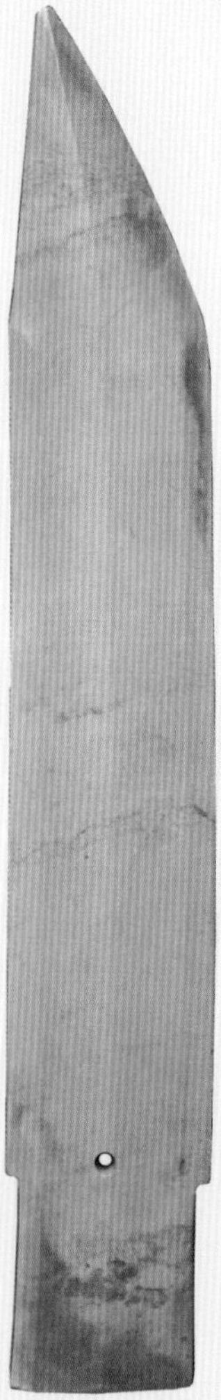

○ 玉戈

长 17.5 厘米，宽 2.7 厘米

洛阳市机瓦厂 M416 出土

【说明】 双联体玉戈，为一大一小两戈并联，制作精致。另两件玉戈，器型规整，长援尖锋，刃部规矩，器面平整，无使用痕迹，有缚柄圆孔。玉戈是由农业工具演化而来的礼仪仪仗用器，商、西周时期广泛流行。

西周（公元前 1046—前 771 年）

南阳市文物考古研究所藏

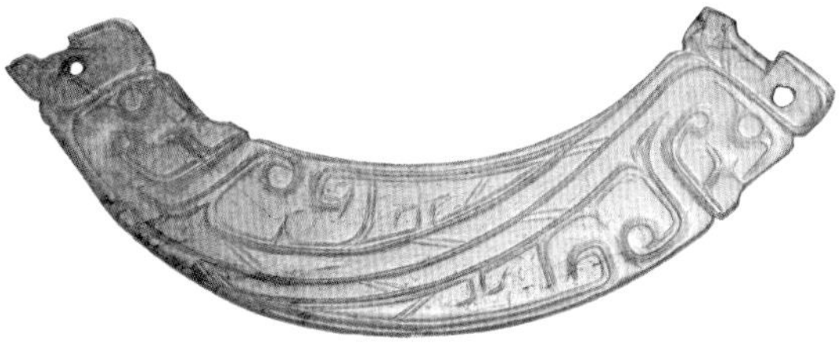

龙纹玉璜

长 8.25 厘米，宽 1.65 厘米，厚 0.2 厘米

南阳市桐柏县月河镇左庄村春秋墓 M1 出土

玉璜（2 件）

长 11.2 厘米，宽 2 厘米，厚 0.2 厘米

2012 年南阳市宛城区夏响铺村 M5 出土

【说明】 玉璜是中国古代传统玉器之一，既可以作佩饰之用，也具有礼仪功能，还可作为随葬玉器。这 3 件玉璜，体扁平，略呈半环形，一面饰内细外粗、流畅生动的弧形线龙纹、重环纹、卷云纹等，一面光滑素面，两端各钻有一孔，应为缝在织物上的玉饰。

玉柄形器

西周（公元前 1046—前 771 年）

洛阳博物馆藏

玉柄形器

长 11.1 厘米，宽 1.3 厘米

洛阳市机瓦厂 M215 出土

玉柄形器

残长 18.5 厘米

洛阳市机瓦厂 M215 出土

玉柄形器

长 19.6 厘米，宽 1.7 厘米，厚 1.2 厘米

洛阳市机瓦厂 M210 出土

玉柄形器

长 13.4 厘米，宽 2.2 厘米

洛阳市机瓦厂 M445 出土

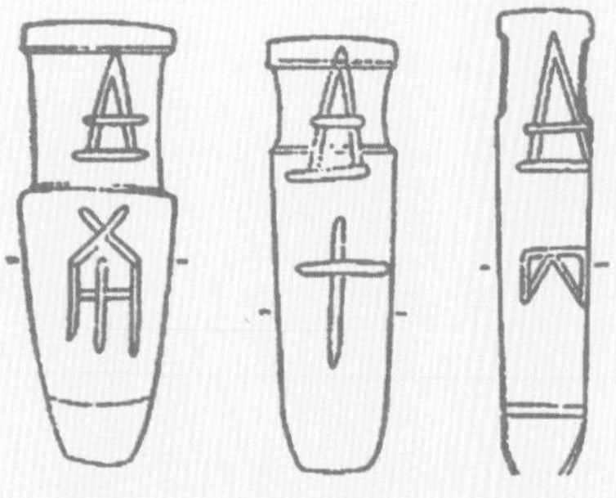

祖庚　祖甲　祖丙

安阳殷墟后冈出土

写有祖先名号的商代玉柄形器

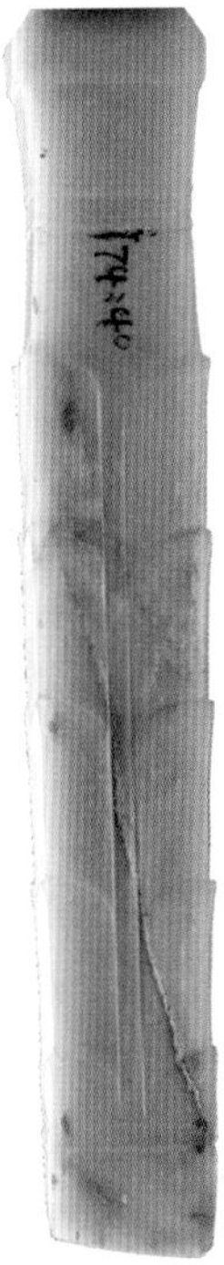

○玉柄形器

长16厘米，宽2.5厘米，厚1.3厘米

洛阳市机瓦厂M74出土

○玉柄形器

残长26.5厘米，厚2厘米

洛阳市公安局拔交

○玉柄形器

长14.5厘米，宽1厘米

洛阳市机瓦厂出土

【说明】 玉柄形器早在商代出土文物中就有大量发现，妇好墓出土达33件，均为扁长方形，一端有短而薄的榫，多数榫上有穿孔。西周时期玉柄形器进一步发展，形制差别较大，造型多样。这组玉柄形器，从玉质、纹饰、雕工等方面多有不同，形态各异。玉柄形器是重要祭祀用礼器，是行祼礼时插在容器里、上面用酒浇灌的礼器，代表祖先牌位。

玉为礼饰

02

商人尚玉，周公制礼。

夏商时期，即使用于装饰的佩饰，也承担了礼仪功能，使用方式从庙堂等重大场合转向日常随身佩戴。

装饰玉种类有人物、动物形的玉佩，圆筒形的玉镯，造型多样的玉玦、玉璜、玉笄、玉觿、串饰等。

西周时期，玉器被纳入礼制范畴，赋予更多的涵义。

佩玉种类多样，有发饰、耳饰、项饰、腕饰、臂饰、胸饰等，其中玉组佩呈系列化、普遍化发展，成为彰显贵族阶层的名贵饰品。

玉环

商代（公元前 1600—前 1046 年）
直径 9.6 厘米，孔径 5.5 厘米，领高 1.4 厘米
南阳市桐柏县月河镇左庄村春秋墓 M1 出土
南阳市文物考古研究所藏

【说明】 此环内厚外薄，孔周两面凸起圆筒状领，外缘琢四组“山”字形扉牙，每组扉牙由三道凸齿构成，凸齿前端又有一浅豁。衡阳杏花村出土商末周初青铜卣内发现一件有领玉环，其扉牙与此相似，表明二者年代接近。玉环本为佩戴之用，作为装饰用玉被广泛使用。有领玉环盛行于商代，殷墟出土许多璜、玦类玉器都是利用有领玉环改制的。

玉管

西周（公元前 1046—前 771 年）

长 2.8—3.4 厘米，直径 0.8—1 厘米，孔径 0.3—0.4 厘米

2003—2004 年宁乡黄材 M2 出土

湖南省文物考古研究所藏

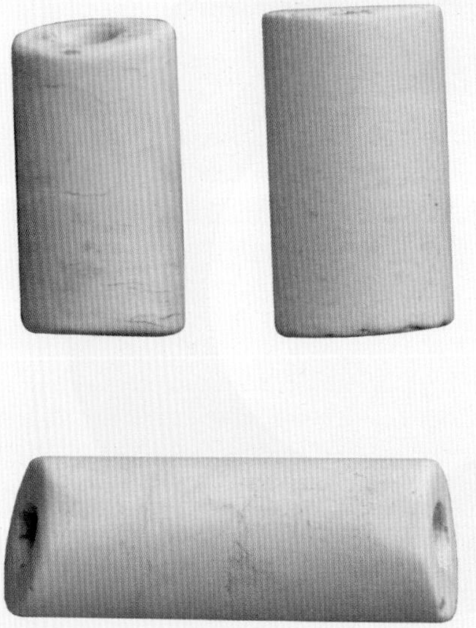

【说明】 玉质受沁为鸡骨白，表面光滑，圆柱形，管两端切面不规则，为双面钻孔。玉管器型较小，为佩饰之用。周人尚礼，依礼而裳，玉佩饰因礼而发展，身份愈高，佩饰愈加华丽夺目，玉组佩应运而生，玉管可作为玉组佩中的饰件。

玉管形器

西周（公元前 1046—前 771 年）
直径 4.3 厘米，孔径 3.5 厘米，高 4.3 厘米
洛阳市机瓦厂 M198 出土
洛阳博物馆藏

【说明】 此玉管尺寸较大，受沁有黑斑，器身减地雕琢为七层螺旋管状。因该墓被盗严重，出土位置已被扰乱，故其用途不详，或为发箍。

玉 玦

西周（公元前 1046—前 771 年）

直径 3.4 厘米，孔径 2 厘米

2003—2004 年宁乡黄材 M2 出土

湖南省文物考古研究所藏

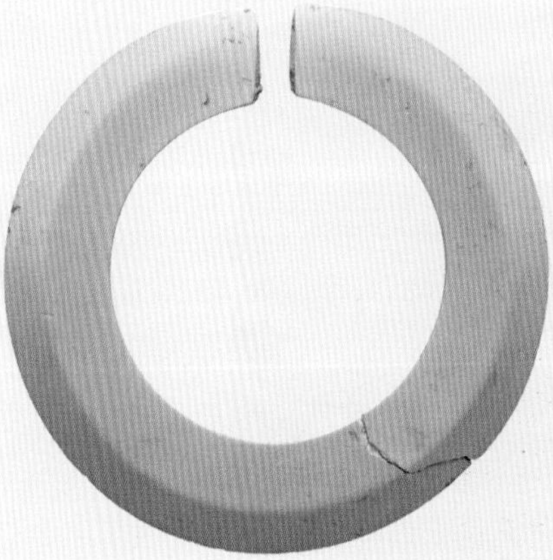

【说明】 玉玦是古代非常重要的玉器类型之一，在新石器时代多出于墓主耳边，显然是作为耳饰使用。西周礼乐制度始兴，玉器作为彰显身份地位的器物被愈发看重，作为装饰品的玉玦也扮演着重要角色。

西周（公元前 1046—前 771 年）
洛阳博物馆藏

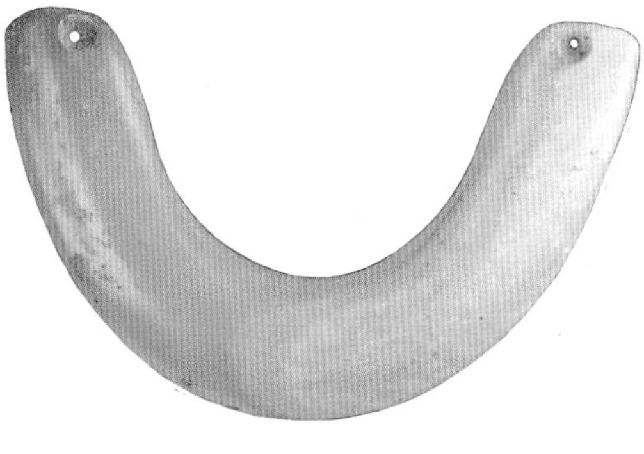

玛瑙璜

长 6.7 厘米，宽 4 厘米，厚 0.7 厘米
洛阳市 24 工区 M124 出土

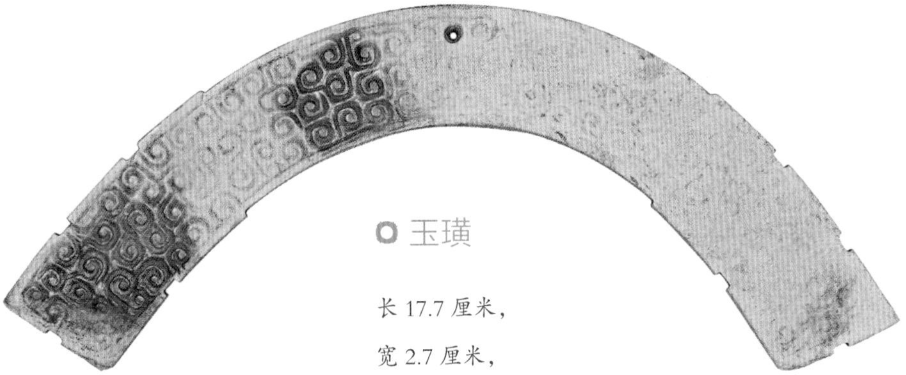

玉璜

长 17.7 厘米，
宽 2.7 厘米，
厚 0.4 厘米

【说明】 《周礼》载玉璜为“以玄璜礼北方”的礼器，但考古发现，实际情况与之不符。它多作为装饰品或在礼仪场合被使用。西周玉璜造型纹饰渐趋多样，有龙纹、重环纹、双联弧纹、菱格纹等纹饰，有龙形、鱼形等动物形态。周人受礼制观念影响，佩玉之风更盛，玉组佩系列化、普遍化。玉璜作为玉组佩的主体扮演着重要角色。

水晶环、谷纹玉环

西周（公元前 1046—前 771 年）

洛阳市物资局综合楼 C1M4630 出土

洛阳博物馆藏

谷纹玉环

直径 4 厘米，

孔径 2 厘米，

厚 2.5 厘米

水晶环

直径 5.3 厘米，

厚 0.8 厘米

【说明】 玉环是中国玉文化中最具代表性的器物之一。这 2 件玉环材质为水晶和玉，通体精磨，制作精良。谷纹玉环受沁呈黄白色。器型皆小，属于装饰类玉器。西周时期，玉成为礼制的载体，玉环作为佩玉深受世人喜爱。

玉觿

西周（公元前 1046—前 771 年）
长 4.9 厘米，最宽处 0.9 厘米
洛阳市机瓦厂 M250 出土
洛阳博物馆藏

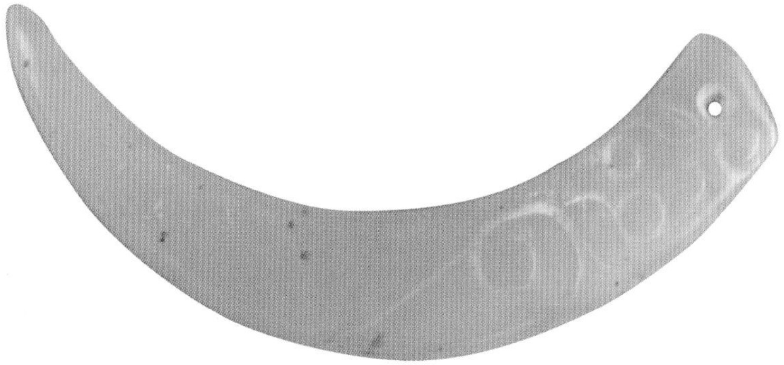

【说明】 作动物犬齿状，上部中间有一穿孔，作穿系之用。玉觿，原为古代解开绳结的锥子，之后此类模仿动物尖角或尖牙的玉器脱离实际功用，多成组搭配，用于穿戴，成为装饰用玉。西周玉觿作为佩饰发挥其审美意义。

动物形玉佩

西周（公元前 1046—前 771 年）

洛阳博物馆藏

玉鸟

长 7 厘米，宽 2 厘米，厚 0.2 厘米

洛阳市林校 M10 出土

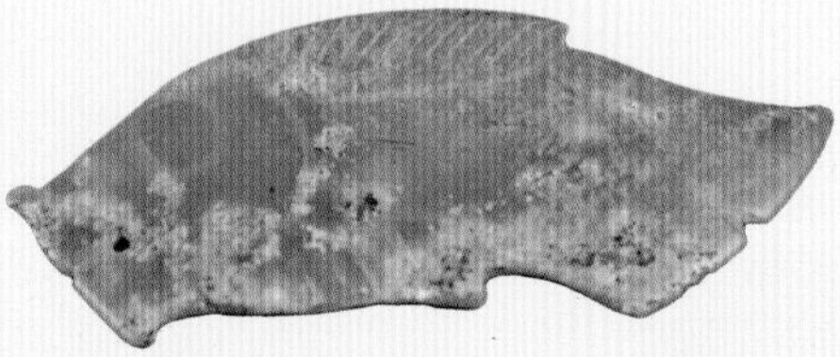

玉鱼

长 5.5 厘米，宽 2 厘米，厚 0.2 厘米

洛阳市北窑庞家沟出土

玉鸟

长 7 厘米，宽 2.1 厘米，厚 0.2 厘米

洛阳市林校 M10 出土

玉鸟

长 5.4 厘米，宽 2.4 厘米，厚 0.2 厘米

洛阳市机瓦厂 M418 出土

玉蝉

长 4.1 厘米，宽 3.4 厘米，厚 0.2 厘米

洛阳市汽车修配厂出土

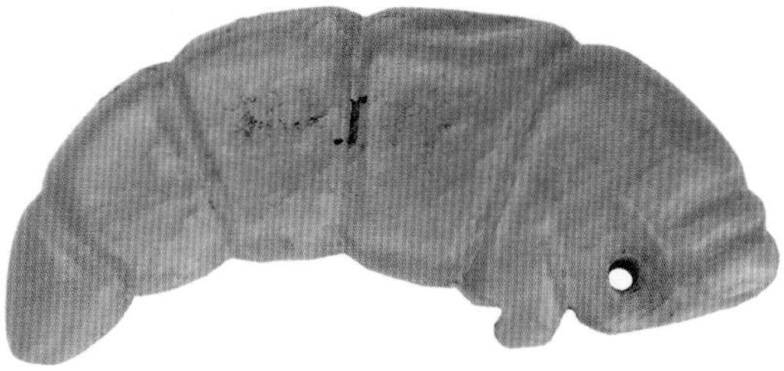

玉蚕

长 4 厘米，宽 1.2 厘米，厚 0.7 厘米

洛阳市机瓦厂采集

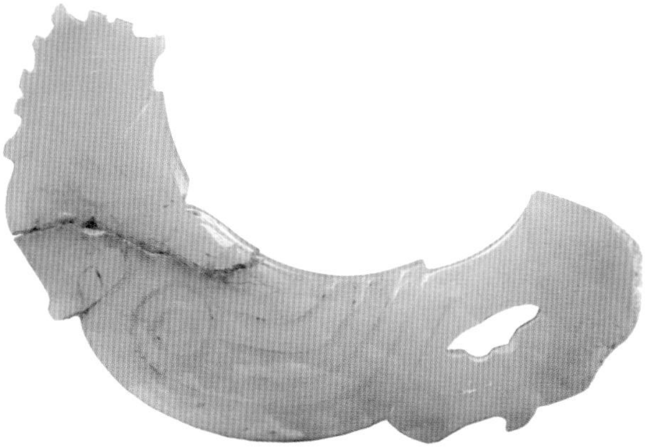

玉凤

长 8.5 厘米，宽 4.7 厘米，厚 0.4 厘米

1964 年洛阳市庞家沟出土

【说明】 西周时期，受礼制观念影响，玉器作为佩饰被大量使用，在玉组佩之外还有较多单佩、串饰的存在。这类玉佩结构简单，主要由单件的动物造型构成，如鸮、鸟、凤、龙、虎、蝉、鹰、鹿、熊等，多作借物喻人之用，以动物的品德比附于人。绝大部分都有穿孔，作单佩使用，也有作为串饰使用的，如将龙形玉佩配以玛瑙珠管、马蹄形玉片，制作成一串精美的串饰，彰显持有者身份和地位。

玉鸮

西周（公元前 1046—前 771 年）

长 7.8 厘米

1964 年洛阳市北窑出土

洛阳博物馆藏

【说明】 以浅黄色玉雕刻而成，嘴尖下折成钩，两角弯曲，尾部上翘，两足蹲立，头部刻画两眼，身上刻画羽毛。鸮，古时又叫“鸱(chī)”“逐魂鸟”等，因其习惯于黄昏或夜间活动，民间又称其为“夜猫子”，也叫猫头鹰。先民视其为具有辟邪作用、受人尊重的神鸟，是不畏强暴、骁勇善战的化身。先民认为人死后灵魂可以脱离肉体的束缚，而飞翔的鸱鸮可以引领着灵魂自由翱翔，走向重生。整件器物造型独具匠心，形象逼真生动，手法巧夺天工，为一件不可多得的西周玉器精品。

玉虎纹佩

西周（公元前 1046—前 771 年）
上：残长 7.5 厘米，最宽 2.4 厘米，厚 0.2 厘米；
下：长 11.7 厘米，宽 1.4—2.4 厘米，厚 0.2 厘米
2012 年南阳市宛城区夏响铺村 M16 出土
南阳市文物考古研究所藏

【说明】 2 件玉虎纹佩出土于西周晚期至春秋早期鄂国贵族墓地。呈扁平长方形，一件完整，一件残缺。完整的尾部为虎形，作行走状，尾部卷起。前部雕琢为鸟形，上刻有大斜刀卷云纹，喙部向内卷曲为圆孔。这对虎纹玉佩为同料制作而成，应为改制器。

南阳夏响铺村 M5 玉佩饰

西周（公元前 1046—前 771 年）

2012 年南阳市宛城区夏响铺村 M5 出土

南阳市文物考古研究所藏

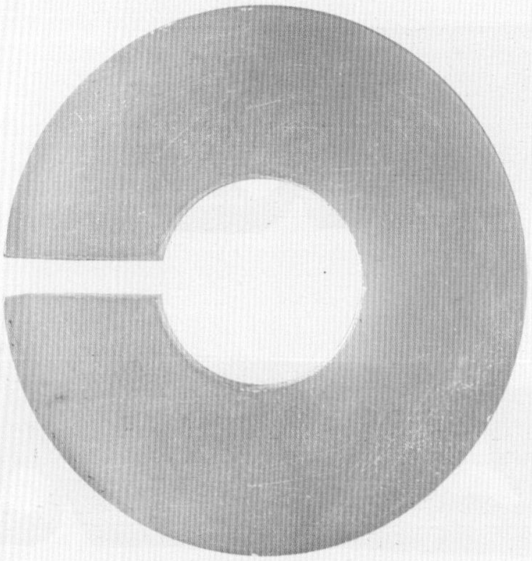

玉玦

直径 3.4 厘米，孔径 1.3 厘米，厚 0.4 厘米

龙形玉佩局部

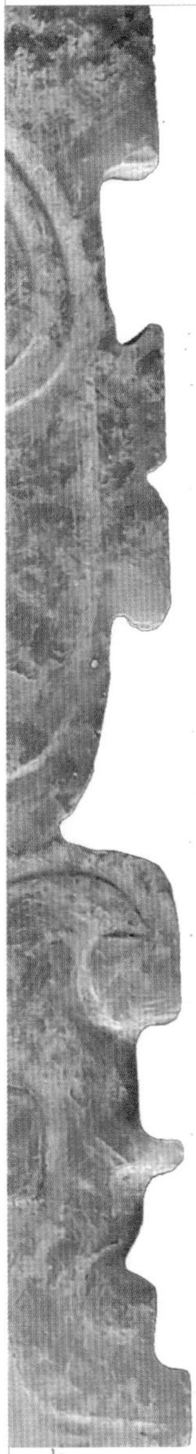

龙形玉佩

长 5.4 厘米，

宽 3 厘米，

厚 0.3 厘米

束绢形玉佩（4件）

长 3.2—3.4 厘米，
宽 2—2.2 厘米，
厚 0.4 厘米

凤鸟形玉饰

长 12.2 厘米，
宽 1.4 厘米，
厚 0.4 厘米

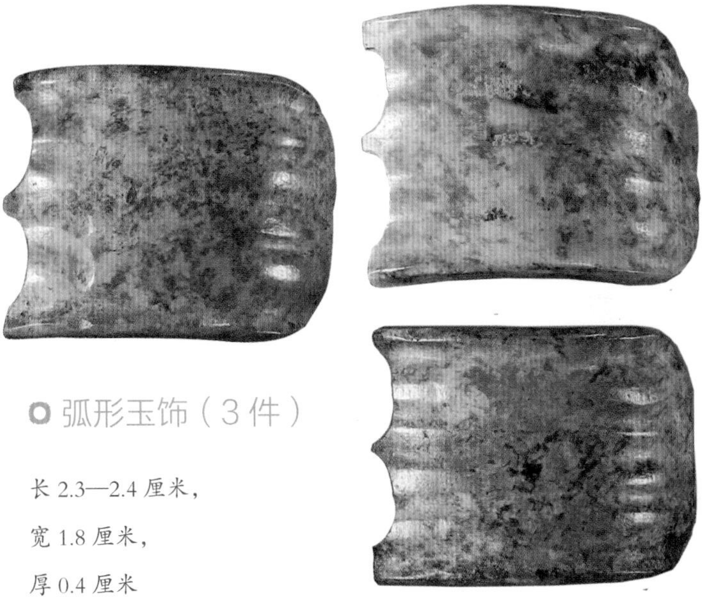

弧形玉饰（3 件）

长 2.3—2.4 厘米，
宽 1.8 厘米，
厚 0.4 厘米

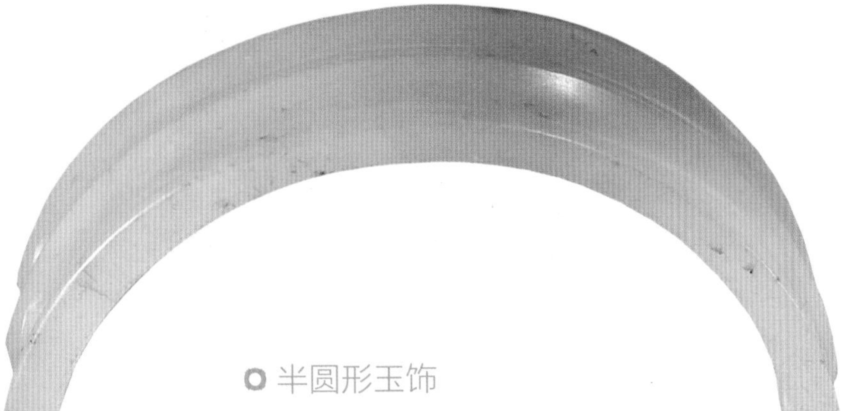

半圆形玉饰

长 6 厘米，宽 1.6 厘米，厚 0.4 厘米

【说明】 此组玉器出土于西周晚期鄂国贵族鄂侯夫人“鄂姜”墓中，应是其重要的佩饰。种类丰富，器型独特，通体磨光，制作精美。玉玦可作为耳饰；凤鸟形玉饰既可单独作为佩饰，也可以是组玉佩的构件；龙形玉佩、束绢形玉佩、弧形玉饰、半圆形玉饰，配以玛瑙珠管共同编缀为精美的玉质项饰，成为妆点鄂侯夫人的华丽饰品，以彰显其国君夫人的地位与尊荣。

玛瑙串饰

西周（公元前 1046—前 771 年）

管：长 0.7—1.4 厘米，直径 0.6—0.9 厘米；

珠：长 0.2—0.6 厘米，直径 0.4—0.9 厘米

2012 年南阳市宛城区夏响铺村 M20 出土

南阳市文物考古研究所藏

【说明】 玛瑙串饰红色铮亮，均呈近圆柱形体，两端对钻孔，两端面不平整。常与其他佩饰组成项饰、胸饰等。

玉纺轮

西周（公元前 1046—前 771 年）

直径 1.8 厘米

2003—2004 年宁乡黄材炭河里 M2 出土

湖南省文物考古研究所藏

【说明】 斜边，两面平整，剖面成梯形，中部穿孔，素面光洁，玉质受沁成粉白色。纺轮最早为石片，后为陶制，中间穿孔为插转杆之用，是纺织过程中重要器物。此件玉纺轮做工精致，通体抛光，中部穿孔孔径较小，可能为非实用器，或为饰品之用。

第三单元

以玉比德

JADE SYMBOLIZING ONE'S VIRTUE

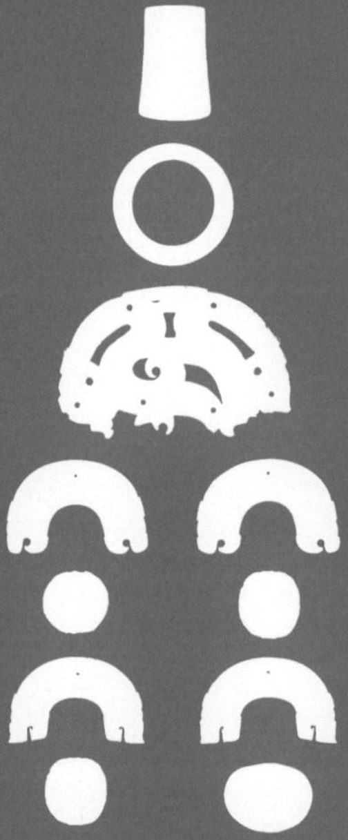

THE SOUL OF JADE

ANCIENT CHINESE JADE CULTURE

中国古代玉文化

玉魂

君子佩玉

01

春秋战国，礼崩乐坏，陪臣执国命。

玉器除原有功能外，被儒家人格化，赋予道德内涵，德玉思潮兴起，佩玉成为风尚。

君子无故，玉不去身。佩玉风行于各阶层。

汉代玉器在沿袭战国玉器传统特色基础上继续革新，并赋予其更加丰富的内涵。

带剑佩玉，君子之风。

南阳桐柏月河 M1 玉佩

春秋（公元前 770—前 476 年）

南阳市桐柏县月河镇左庄村 M1 出土

南阳市文物考古研究所藏

云龙纹玉环

直径 3.6 厘米，

孔径 1.8 厘米，

厚度 0.35 厘米

龙纹玉觿

长 8 厘米，

宽 1.2 厘米，

厚 0.4 厘米

龙纹扁长条形玉饰

长 9.45 厘米，宽 2.1—2.2 厘米，厚 0.7 厘米

龙纹扁长条形玉饰

长 7.6 厘米，宽 2.2 厘米

龙纹扁长条形玉饰

长 11.4 厘米，宽 2.85 厘米，厚 1.2 厘米

南阳市桐柏县月河镇左庄村春秋墓 M1 玉器出土情况

【说明】 此组玉器属佩玉，包括玉环、玉觿和条状玉饰，应为玉组佩之构件。纹饰以龙首纹和卷云纹为主，密而均匀。采用阴线刻、浅浮雕等制作工艺，造型生动、工艺精湛，具有典型的春秋佩玉时代特征。

龙纹管状玉玦

春秋（公元前 770—前 476 年）

直径 1.95 厘米，孔径 0.9 厘米，高 2.55 厘米

南阳市桐柏县月河镇左庄村 M1 出土

南阳市文物考古研究所藏

【说明】 玉玦侧面饰多个侧视龙首纹，线条婉转流畅，纹饰均匀饱满，为春秋佩饰玉器之精品。

龙纹玉韘

春秋（公元前770—前476年）
长4.1厘米，宽2.65厘米，内径2.1厘米
南阳市桐柏县月河镇左庄村M1出土
南阳市文物考古研究所藏

【说明】 玉韘，后世又称玉扳指，是我国古代射箭时用于控弦的器具。韘最初用兽皮制作，后改用兽骨或玉石。玉韘最早见于商代妇好墓，西周及战国时期均有出土，但此时已脱离其原有的实用功能，转而成为一种象征具有御射能力的佩饰。此韘体近椭圆形，前尖后平，上部平齐，中有大圆孔，前端有鼻状隆起，后部有一横穿孔，一侧出扳凸，另一面内部呈圆缓斜坡，通体饰不减地浮雕龙首纹。

龙纹玉耳勺饰

春秋（公元前 770—前 476 年）
长 7.1 厘米，宽 1.2 厘米
南阳市桐柏县月河镇左庄村 M1 出土
南阳市文物考古研究所藏

龙纹玉耳勺饰子局部

【说明】 体形扁薄，长方形柄。柄一面光素无纹，一面饰有两组双线龙首纹，边沿雕出扉牙以凸显龙首轮廓。此器工艺精湛，纹饰精美，柄部龙口处有一穿孔，既是实用器，又可作佩饰使用。

管状玉玦、扁长条形玉饰

春秋（公元前770—前476年）
管状玉玦：高2.75厘米，直径2.2厘米，孔径1—1.2厘米；
扁长条形玉饰：长5.95厘米，宽0.9—1.85厘米，厚0.5—0.7厘米
南阳市物资城M1出土
南阳市文物考古研究所藏

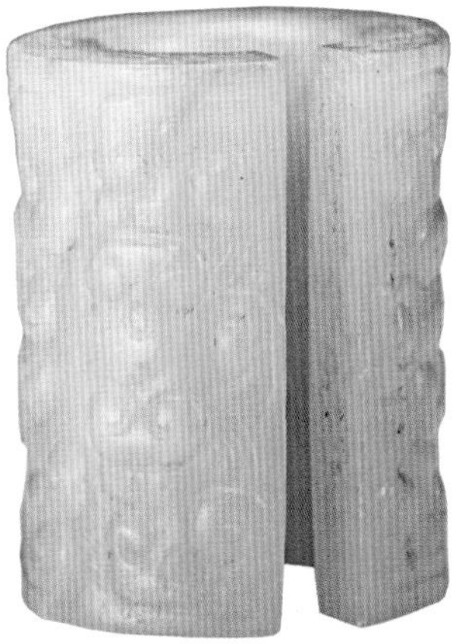
管状玉玦

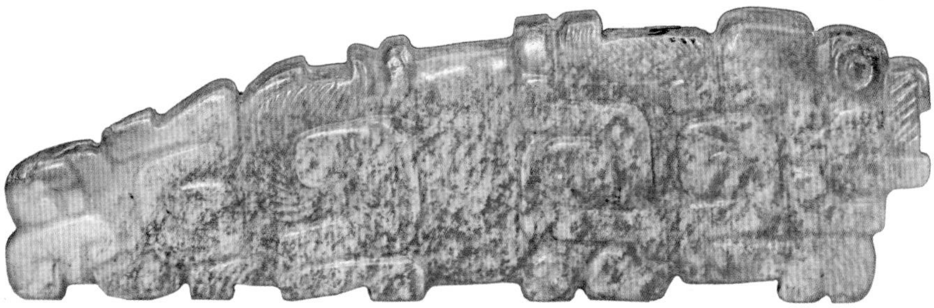
扁长条形玉饰

【说明】 这两件玉器为贵族的佩饰用玉。管状玉玦器表用阴线刻兼浅浮雕的手法刻有兽面纹和云纹。扁长条形玉饰双面纹饰相同，两端皆饰龙首纹，身饰云纹。两器线条圆曲婉转，造型构思巧妙，为春秋佩玉之典型器。

云龙纹扁长条形玉饰

春秋（公元前 770—前 476 年）

长 4.55 厘米，宽 1—1.9 厘米，厚 0.3—0.65 厘米

南阳市物资城 M1 出土

南阳市文物考古研究所藏

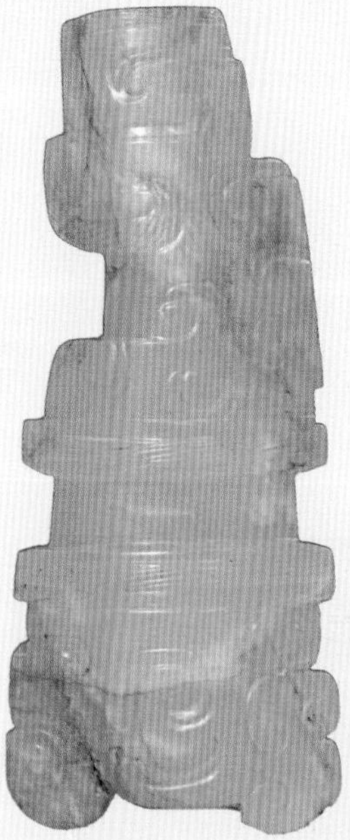

【说明】 一面饰绞索纹、云纹和变形龙纹，一面光素平直，中部两侧有宽粗扉棱。雕工精致。应是在扉棱处用丝线缝在织物上面或用丝线绑起来使用的，既可作佩饰，也可用于随葬。

云纹小玉璧

战国（公元前475—前221年）
直径3.9厘米，孔径1.7厘米，厚0.2厘米
1979年长沙市省建工局M2出土
长沙博物馆藏

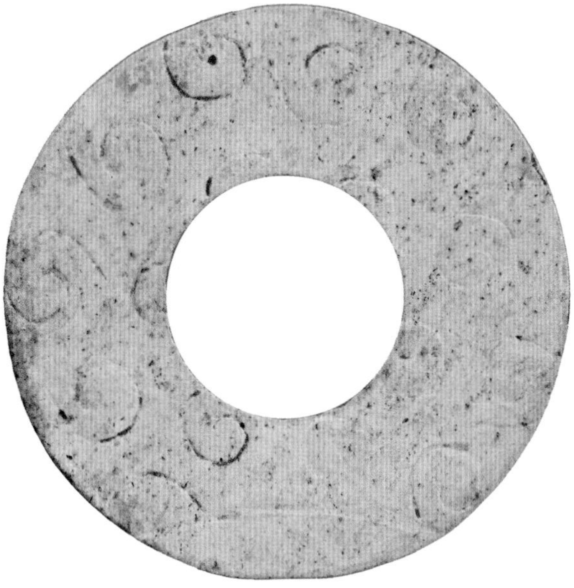

【说明】 扁平状圆形，中有圆孔。小玉璧最早见于新石器时代，兴盛于商周时期，东汉之后逐渐式微。此小玉璧出土于战国墓中，双面饰云纹，小巧规整，属佩玉。

玛瑙环

战国（公元前 475—前 221 年）

长沙博物馆藏

直径 4.2 厘米，孔径 2 厘米，厚 0.6 厘米

1982 年长沙市黄泥坑东区统战指挥部 M4 出土

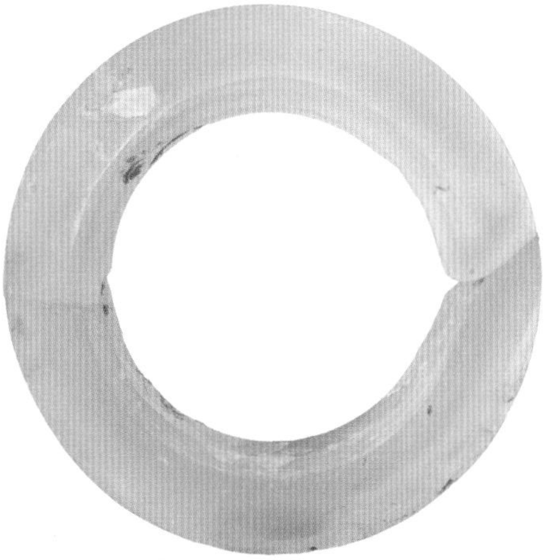

直径 3.4 厘米，边径 0.6 厘米，孔径 2.2 厘米
1990 年长沙市浏城桥 M2 出土

直径 3.9 厘米，边径 0.8 厘米，厚 0.9 厘米
1992 年长沙市书院路马义顺巷出土

【说明】 玛瑙因其纹理交错，色泽光润，自古就被人们广泛使用。战国时期，常被用来制作环、玦、珠、管等饰物。此组玛瑙环均出自长沙地区。扁平圆形，上有凸棱，剖面为六棱形，均为素面，表面经过抛光，色泽莹润。这种形制的玛瑙环在战国时期较为多见，当为玉组佩的构件。

云纹玉管

战国（公元前 475—前 221 年）
高 2 厘米，直径 1.2 厘米
1982 年长沙市浏城桥 M1 出土
长沙博物馆藏

【说明】 战国玉管形制各异，数量甚多，有圆柱形、方柱形、扁平长条形和柱状竹节形等，多饰谷纹和云纹，琢工精致。此玉管为白玉，呈圆柱形，身饰云纹，中心有圆形穿孔，可供穿系，当为玉组佩之构件。

澧县新洲 M1 玉组佩

战国（公元前 475—前 221 年）
1985 年澧县新洲 M1 出土
湖南省文物考古研究所藏

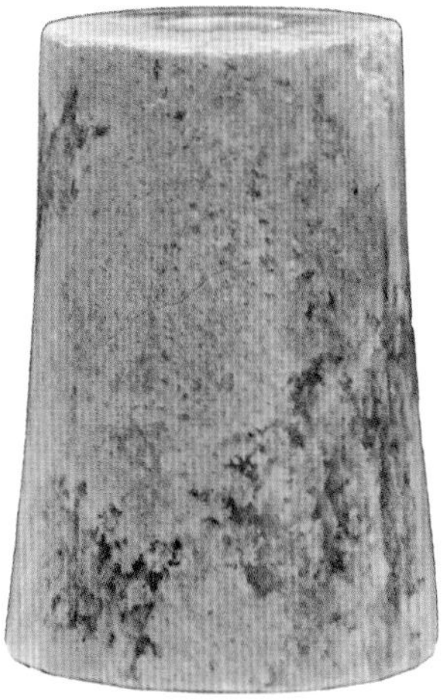

玉管

直径 1.8—2.2 厘米，
孔径 0.8 厘米，
通高 3.1 厘米

玉环

直径 6.3 厘米，
孔径 4.4 厘米，
厚 0.4 厘米

双首龙形玉佩

长 9.7 厘米，宽 4.2 厘米，厚 0.4 厘米

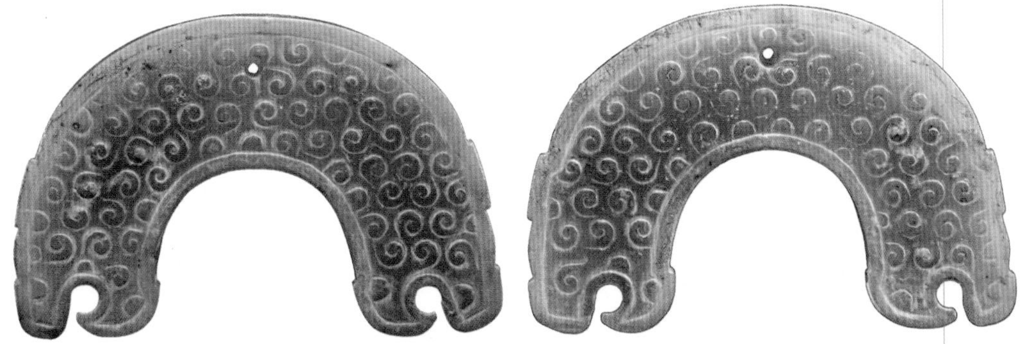

青色玉璜（2件）

长 5.3 厘米，宽 1.5 厘米，厚 0.5 厘米

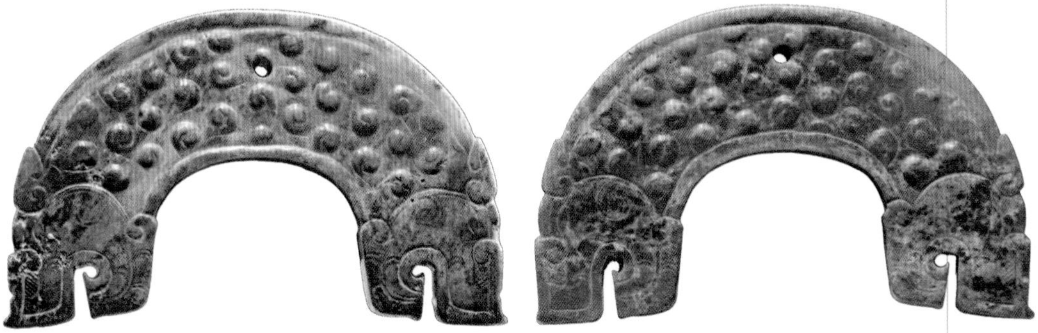

褐色玉璜（2件）

长 5.6 厘米，宽 1.7 厘米，厚 0.4 厘米

蜻蜓眼玻璃珠（3 件）

直径 1.2—1.4 厘米

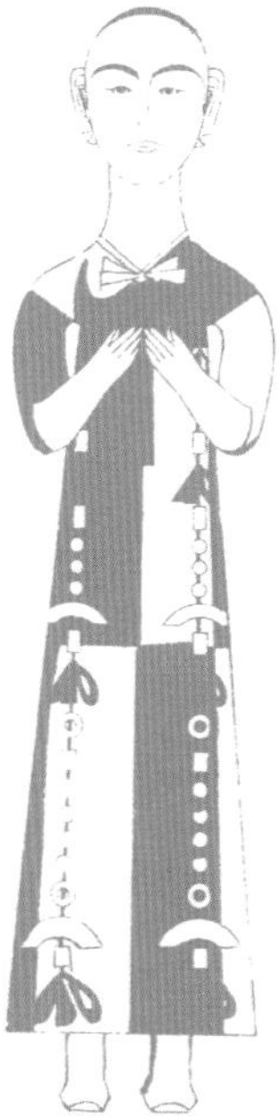

湖北江陵武昌义地楚墓出土的彩绘漆木俑身上组玉佩佩戴情况

复原组合示意

【说明】 战国时期佩玉盛行，特别是组玉佩。组玉佩是由丝绳串联多件玉器成组悬挂在身上的佩饰玉，其作用为彰显步态之美和表明身份，寓示佩戴者如玉般纯正贤德的高贵品格。人们社会地位越高，所佩戴的组玉佩串饰愈多、愈精美、愈繁复。此组玉佩以玉管、玉环、龙形玉佩、玉璜、蜻蜓眼玻璃珠为主要构件，多成组对称使用，系于胸腹下。工艺精湛，造型生动传神，体现了这一时期高超的琢玉技术和崇玉、尚德的社会风尚。

龙形玉觿

战国（公元前 475—前 221 年）
长 7.9 厘米，宽 2.2 厘米，厚 0.4 厘米
1953 年长沙市仰天湖 M21 出土
湖南省博物馆藏

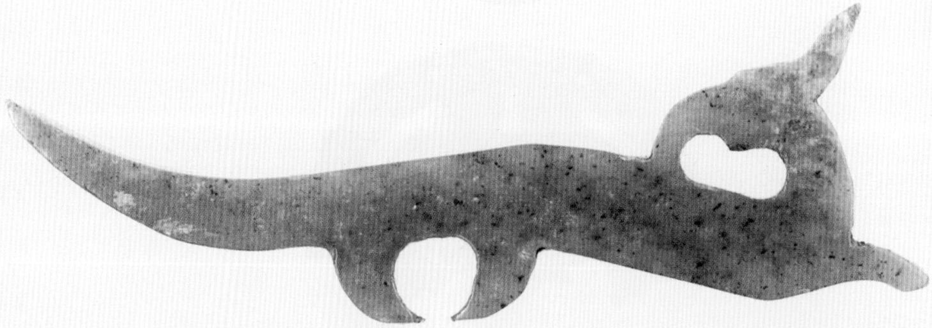

【说明】 觿是一种形似角状的器物，弯曲，下端尖锐，古人用以解绳结。战国时期的玉觿形制一般分为瘦长和圆钝两种，多有穿孔。其实用功能在此时减退，转而成为象征贵族身份地位的佩饰品，取释疑解难、决断烦乱之意。此玉觿为片雕回首龙形，瘦长，光素无纹，龙嘴与龙身的连接之处可供系挂，用以佩戴。

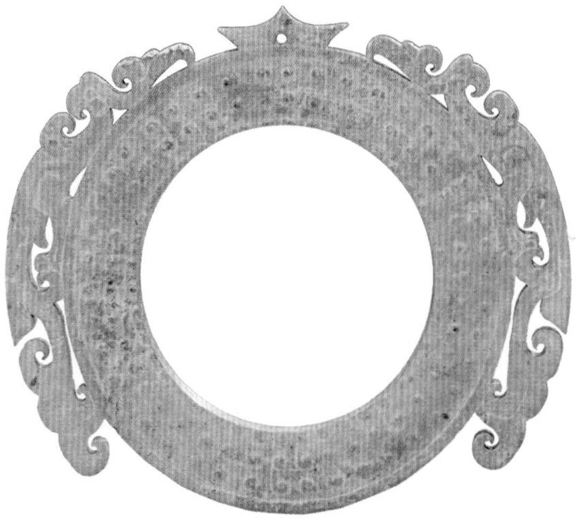

双凤出廓玉环

西汉（公元前 206—公元 8 年）
高 7.2 厘米，宽 8.3 厘米，厚 0.4 厘米
南阳市拆迁安置办公室 M164 出土
南阳市文物考古研究所藏

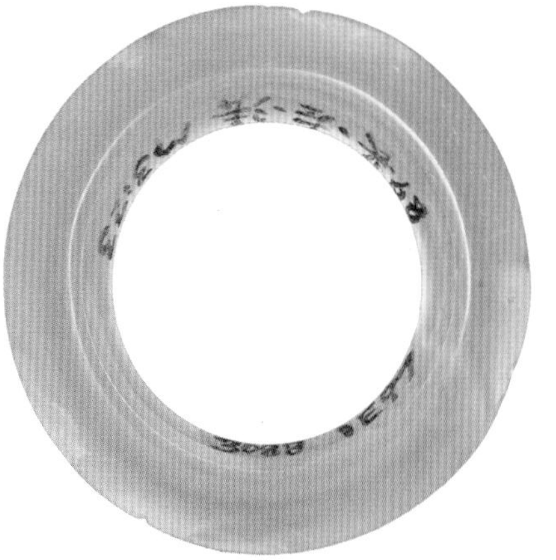

玛瑙环

汉（公元前 206—公元 220 年）
直径 3.9 厘米，厚 0.7 厘米
1989 年长沙市左家塘中级人民法院 M3 出土
长沙博物馆藏

【说明】 西汉，佩饰玉器继续盛行。此双凤出廓玉环双面皆饰谷纹，在战国出廓玉环的基础上进一步发展，上琢“山”字纹，左右出廓各饰一凤，线条回转多变，遒劲流畅。玛瑙环素面无纹,光洁润泽。二者均为佩玉，不仅是汉人审美的体现，更是佩戴者身份地位和高贵品德的象征。

玉贝带

西汉（公元前 206—公元 8 年）

1975 年长沙市咸嘉湖陡壁山长沙国王后曹嫘墓出土

长沙博物馆藏

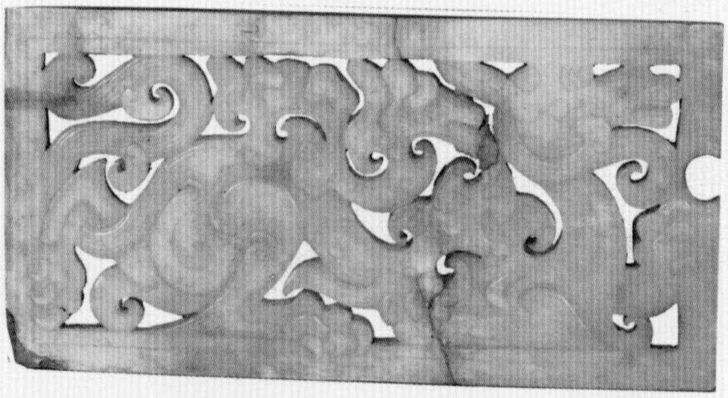

透雕兽纹玉带扣（2 件）

长 8.8 厘米，宽 4.4 厘米，厚 0.5 厘米

玉贝

长 1.6 厘米，

宽 1.1 厘米

【说明】 此组玉器出土自长沙国王后曹嫘墓中。两件玉带扣均呈长方形，框内单面透雕一兽，器两端有圆而缺的穿孔。玉贝中间琢成齿状纹，玉质洁白，两端各有一穿孔，是连缀在腰上的装饰物。一起组合成贝带。贝带是以胡式带为原型，以中原流行的贝类饰物进行装饰的一种腰带，多见于汉代贵族墓葬之中，用于彰显王侯威仪。

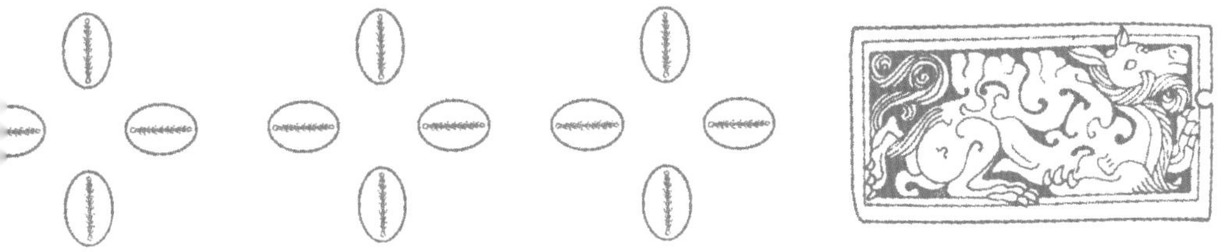

玉贝带复原示意图

水晶、玛瑙、琥珀珠管

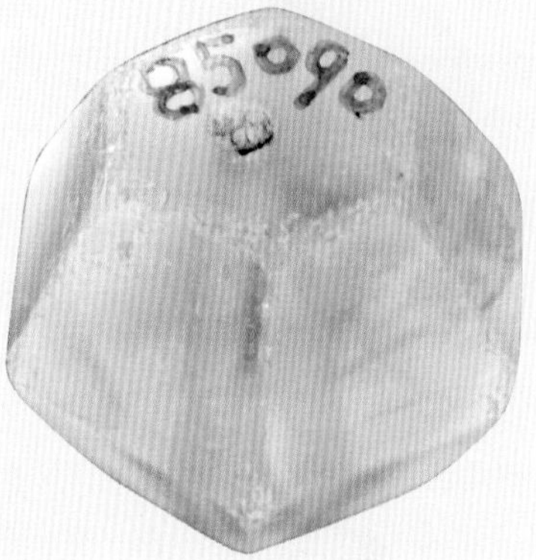

六棱形水晶珠

东汉（公元 25—220 年）

高 1.4 厘米，宽 1.6 厘米

1991 年重庆市渝州大学附中汉墓出土

重庆中国三峡博物馆藏

六棱形水晶珠

东汉（公元 25—220 年）

高 1.2 厘米

长沙博物馆藏

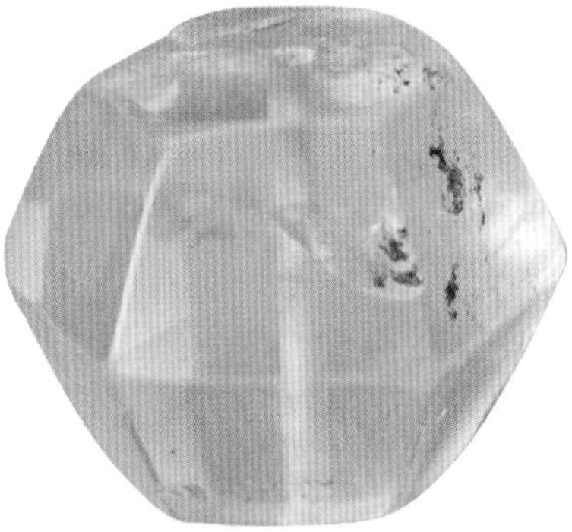

六棱形水晶珠

东汉（公元 25—220 年）

直径 1.1 厘米，高 1.4 厘米

1981 年长沙市袁家岭友谊商店 M24 出土

长沙博物馆藏

玛瑙、琥珀串珠

东汉（公元 25—220 年）

玛瑙珠直径 1 厘米

长沙市采集

长沙博物馆藏

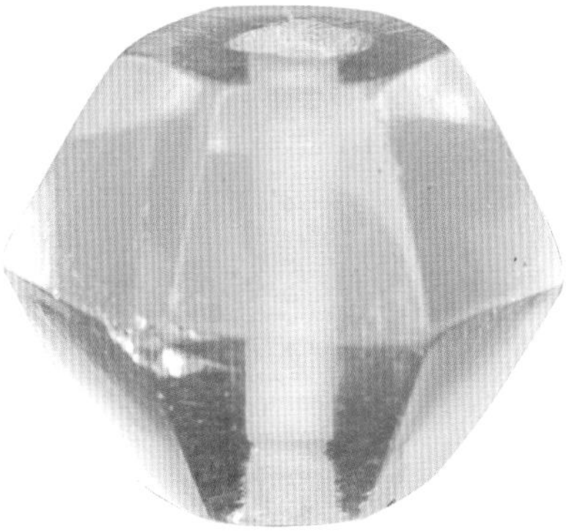

六棱形水晶珠

东汉（公元 25—220 年）

直径 0.8 厘米，高 1.1 厘米

1981 年长沙市袁家岭友谊商店 M19 出土

长沙博物馆藏

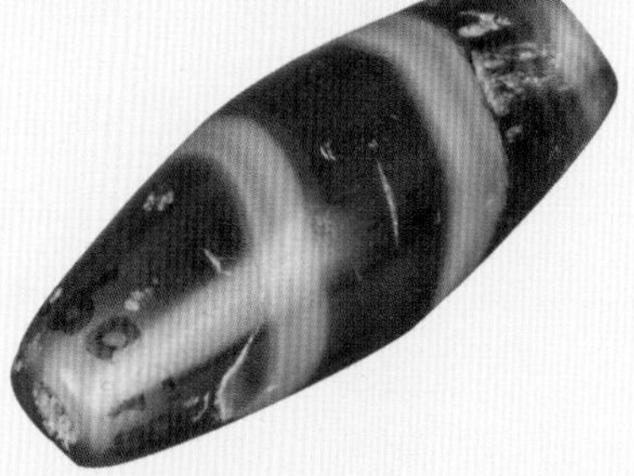

玛瑙管

东汉（公元 25—220 年）

长 2.4 厘米，宽 1 厘米

1991 年重庆市渝州大学附中汉墓出土

重庆中国三峡博物馆藏

玛瑙珠管

汉（公元前 206—公元 220 年）

长 1—3.2 厘米

湖南省博物馆藏

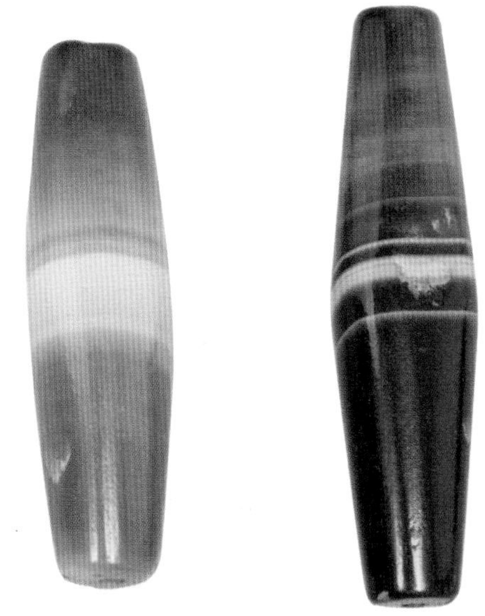

玛瑙管

东汉（公元 25—220 年）
长 3—3.4 厘米
长沙博物馆藏

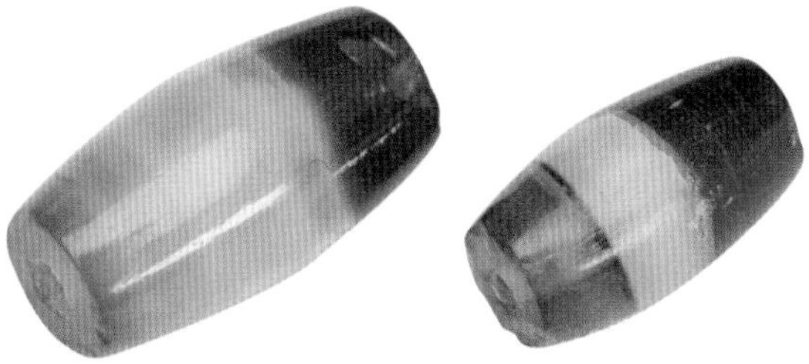

玛瑙珠

东汉（公元 25—220 年）
长 1.1—1.4 厘米，直径 0.6—0.9 厘米
1988 年长沙市纺织公司出土
长沙博物馆藏

【说明】 汉代玉珠管饰种类繁多，质地丰富。得益于汉王朝统一和海上丝绸之路的开辟，域外大量的奇石异珠在此时涌入中原。此组珠饰包括花斑纹玛瑙珠、琥珀珠和水晶珠。花斑纹玛瑙珠呈腰鼓形，中有小孔，珠上有褐白或黑白相间、宽窄不一的圈带纹。水晶珠呈六棱形，白色透明，中有细小穿孔。它们均为典型的域外舶来品，是中外贸易交流的见证，更彰显了汉代装饰玉风潮的兴盛。

辟邪玉饰

琥珀司南佩

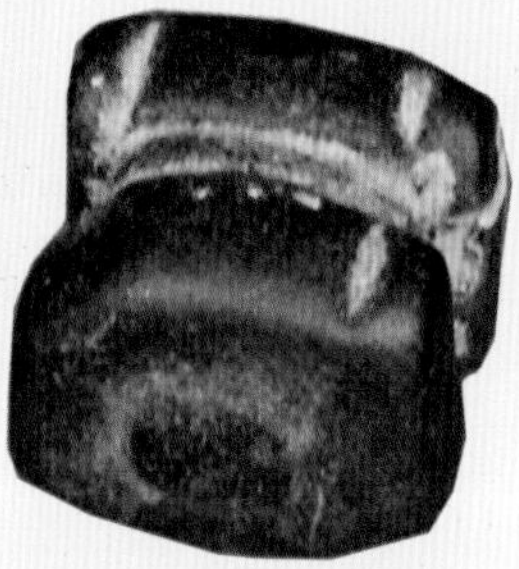

东汉（公元 25—220 年）

长 0.8 厘米

1991 年重庆市渝州大学附中汉墓出土

重庆中国三峡博物馆藏

水晶司南佩

东汉（公元 25—220 年）

长 1.6 厘米，宽 1.1 厘米，厚 0.7 厘米

1976 年长沙市麻园岭警备区采集

长沙博物馆藏

“工”字形玉牌佩

汉（公元前 206—220 年）
长 3.3 厘米，宽 3.3 厘米
1978 年长沙市李家塘 M5 出土
湖南省博物馆藏

【说明】 此组玉器为辟邪玉饰。两件司南佩形若“工”字，扁长方体，分上下两层，束腰，腰际有一横穿孔，可供系挂。“工”字形玉牌形若“工”字，上下不出柱，体型更扁平，是司南佩的简化形式。司南佩始见于汉代并盛行，至魏晋逐渐消失，明清时期多见仿品，材质有玉、琥珀、水晶等，用以压胜辟邪，取趋利避凶之意。

02 君子贵玉

金缕玉衣，汉室尊荣。

春秋战国时期，玉器成为国之重器，是显示地位、标榜财富、美化生活的必需品。

上自帝王将相，下至平民百姓，无不以玉为贵，视玉为宝。

汉代继承并发展了儒家的“贵玉”思想，皇室贵族生前佩玉，死后也以大量玉器随葬，更创造出种类齐全、形制完备的葬玉，如玉衣、玉琀、玉握等。汉代生活用玉和装饰用玉也进一步发展，特别是玉具剑，达到极盛。

龙纹玉环

春秋（公元前 770—前 476 年）
直径 9.4 厘米，孔径 5.8 厘米，厚 0.25 厘米
南阳市桐柏县月河镇左庄村 M1 出土
南阳市文物考古研究所藏

【说明】 正面浅浮雕简化龙首纹，间饰云纹，背面光素无纹，属葬玉。以玉殓葬的习俗在新石器时代就已开始，商周时期更为盛行，春秋战国之际日益完善，以玉环、玉璧等玉器殓尸者不胜枚举，至汉代发展到顶峰。

南阳桐柏县月河 M1 葬玉

春秋（公元前 770—前 476 年）

南阳市桐柏县月河镇左庄村 M1 出土

南阳市文物考古研究所藏

龙首纹玉璜

长 7.65 厘米，宽 3.2 厘米，厚 0.3 厘米

龙形玉玦

直径 5 厘米

龙凤纹玉龙（2 件）

长 6.7 厘米，宽 2.5 厘米，厚 0.2 厘米

云龙纹玉琥

长 14.4 厘米，宽 8.4 厘米，厚 0.4 厘米

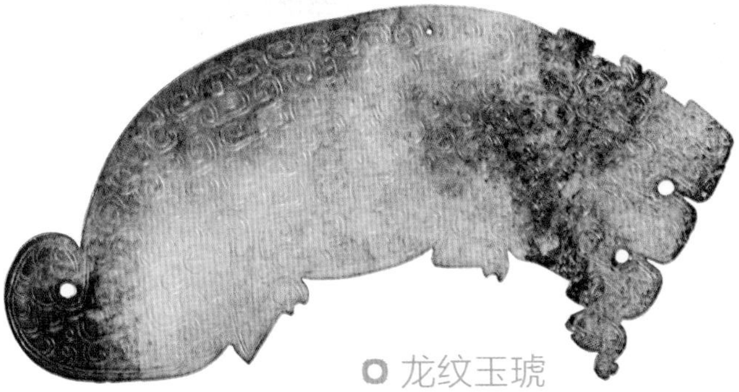

龙纹玉琥

长 13.6 厘米，宽 6.9 厘米，厚 0.2 厘米

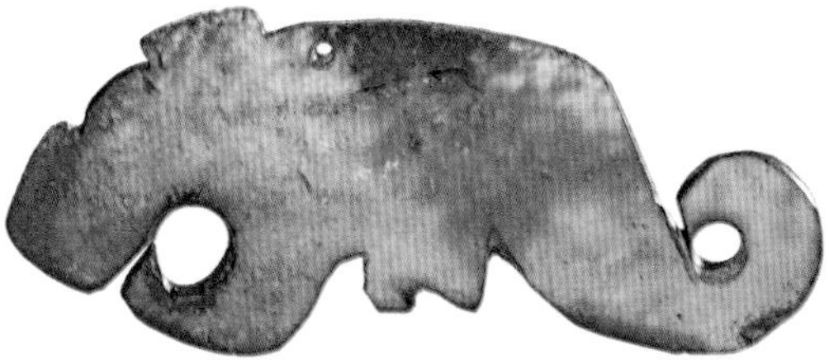

玉琥

长 4.55 厘米，宽 1.95 厘米，厚 0.2 厘米

【说明】 葬玉。皆呈片状式，多一面饰龙纹、云纹等纹样，一面光素无纹，边缘有穿孔。其用途应是缝缀在织物之上，殓盖墓主，以保尸身不朽。其中的玉琥、玉龙形器更有引导墓主灵魂升天之意。这种殓服也被认为是汉代成熟玉衣的雏形，是古人用玉观念及丧葬制度化的一种反映，也体现了当时以玉殓尸的盛行。

玉 琮

春秋（公元前 770—前 476 年）

高 4.2 厘米，宽 6—7 厘米，孔径 5.5 厘米

南阳市物资城 M1 出土

南阳市文物考古研究所藏

南阳市物资城 M1 玉琮出土位置

【说明】 青色玉，通体磨光，部分受沁呈黑漆古色，系旧玉改制而成。玉琮为新石器时代良渚文化的代表器，春秋战国之际由于礼制衰微，玉琮的形制已不再严谨，大多短小，光素无纹。这一时期玉琮作为礼器的功能虽有所减弱，但仍然具有一定的祭祀神灵和敛尸的作用。《周礼 · 宗伯 · 典瑞》“疏璧琮以敛尸”即指此。

葬玉

战国（公元前 475—前 221 年）

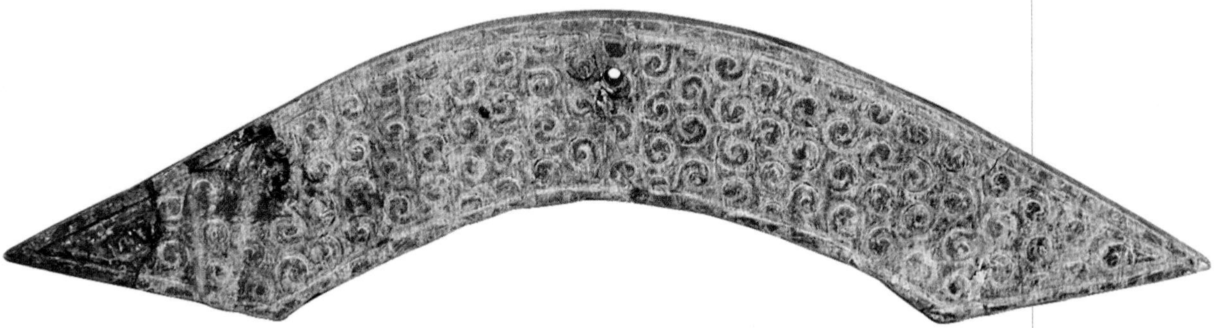

云纹玉璜

最长 20 厘米，最宽 2.9 厘米，厚 0.7 厘米
1987 年长沙市五里牌八一路小学 M1 出土
长沙博物馆藏

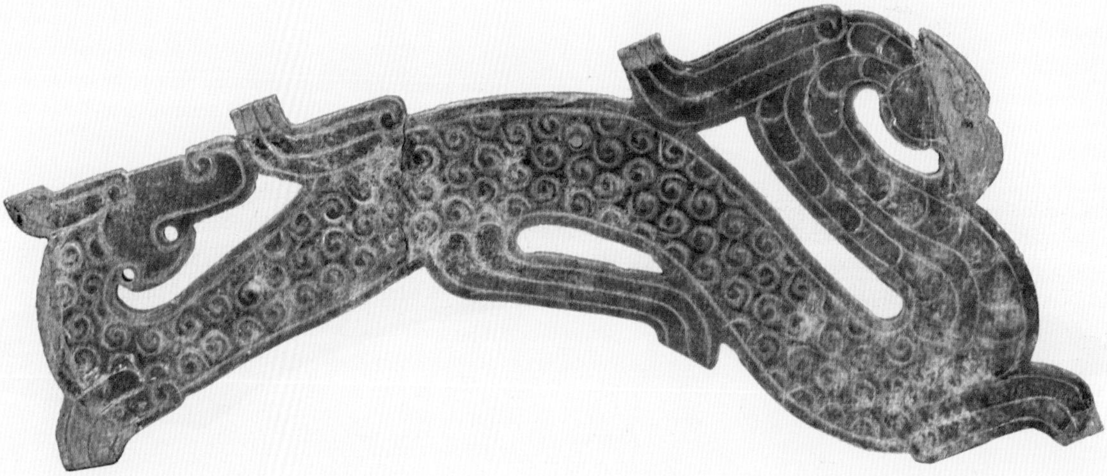

透雕龙凤纹玉佩

最长 21.4 厘米，最宽 9.4 厘米，厚 0.5 厘米

1987 年长沙市五里牌八一路小学 M1 出土

长沙博物馆藏

透雕双面龙纹玉佩

长 15.5 厘米，宽 15.7 厘米，厚 0.5 厘米

1982 年长沙市黄泥坑东区统战指挥部 M2 出土

长沙博物馆藏

云纹玉璧

直径 14.5 厘米，边宽 4.2 厘米，厚 0.25 厘米

1960 年长沙市杨家山铁路工地 M12 出土

湖南省博物馆藏

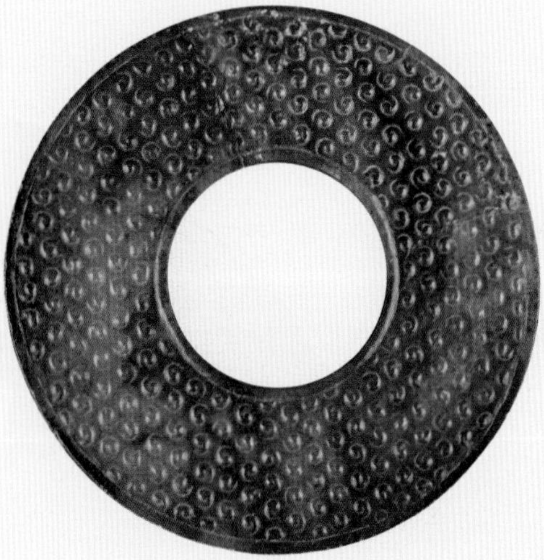

云纹玉璧

直径 13.8 厘米，边宽 3.9 厘米，厚 0.2 厘米

1973 年长沙市子弹库 M1 出土

湖南省博物馆藏

云纹玉璧

直径 16.4 厘米，边宽 5.7 厘米，厚 0.55 厘米

1957 年长沙市左家塘皮件社工地 M1 秦墓出土

湖南省博物馆藏

云纹玉璧

直径 11 厘米，边宽 3.5 厘米，厚 0.3—0.4 厘米
1972 年汉寿县凤凰山 M1 出土
湖南省博物馆藏

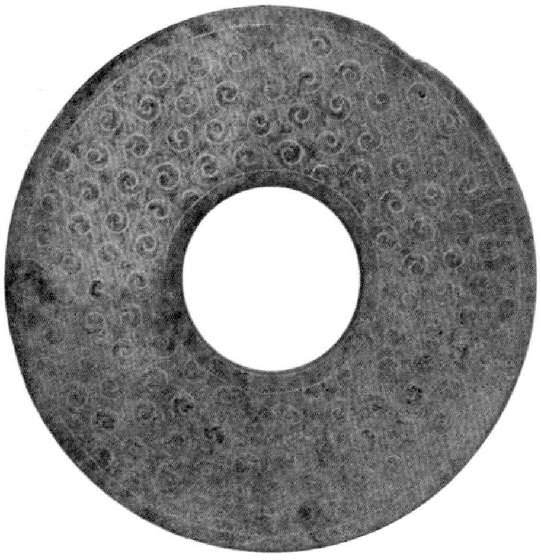

云纹玉璧

直径 13.7 厘米，边径 4.5 厘米，厚 0.5 厘米
1986 年长沙市沙湖桥火把山 M4 出土
长沙博物馆藏

【说明】 此组玉器均为葬玉，出自湖南地区，器型较大，多饰云纹和龙纹。战国时期的玉璧、玉璜、龙形玉佩多作佩饰和馈赠之物，但同时也是一种重要的殓葬玉器，在湖南战国墓中较为多见，用于表明身份和殓尸，是古人用玉观念及丧葬制度化的一种反映。

澧县新洲 M1 葬玉

战国（公元前 475—前 221 年）

1991 年澧县新洲 M1 出土

湖南省文物考古研究所藏

双面透雕玉琥龙（2 件）

长 18.8—19 厘米，宽 6 厘米，厚 0.4 厘米

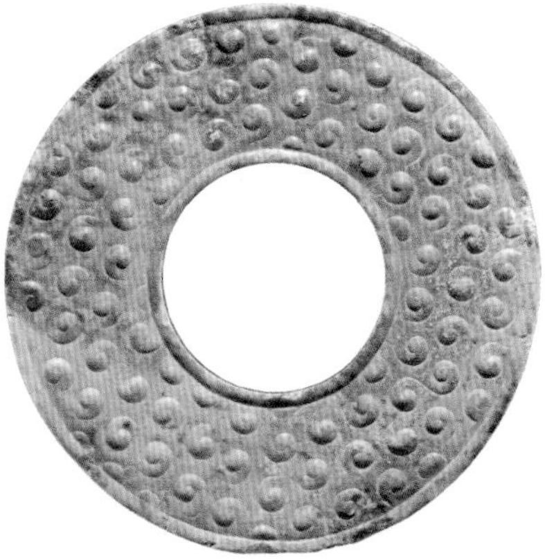

谷纹玉璧局部

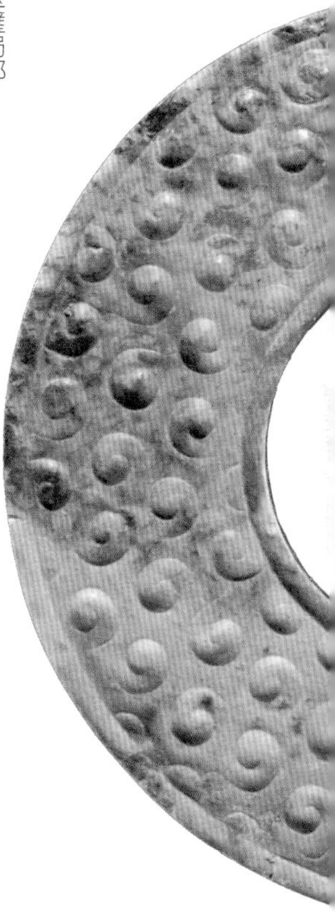

谷纹玉璧（2件）

直径 5.6—7.3 厘米，
孔径 2.4—3.3 厘米，
厚 0.4—0.5 厘米

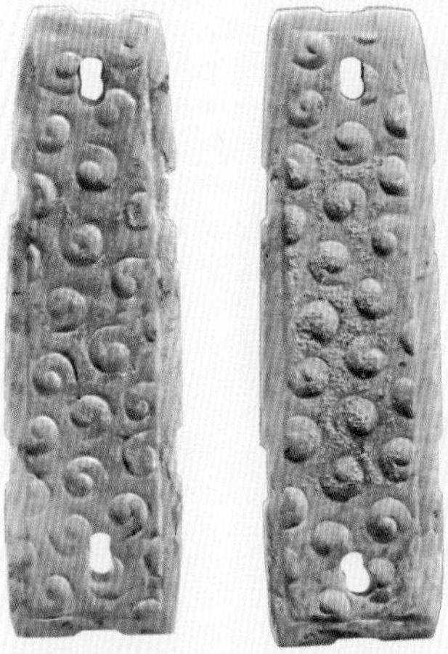

扁条形玉饰（2件）

长5厘米，宽1.5厘米，厚0.35厘米

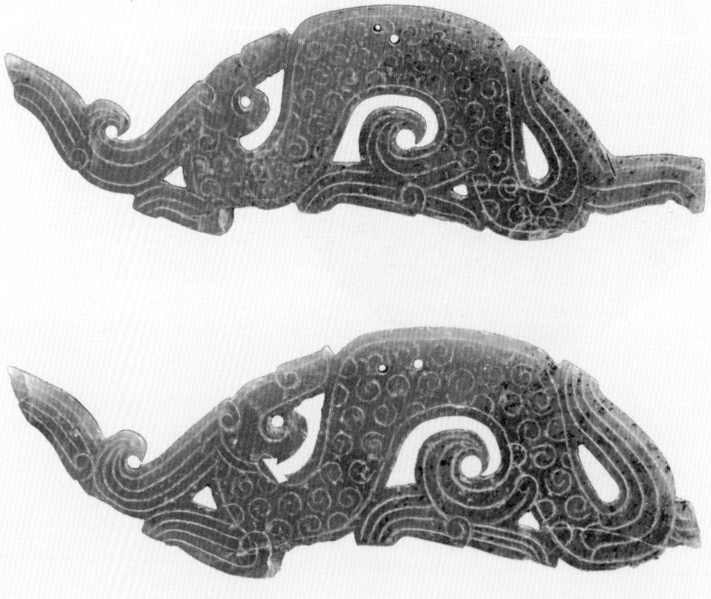

透雕玉琥龙（2件）

长13—14.4厘米，宽3.8—4厘米，厚0.4厘米

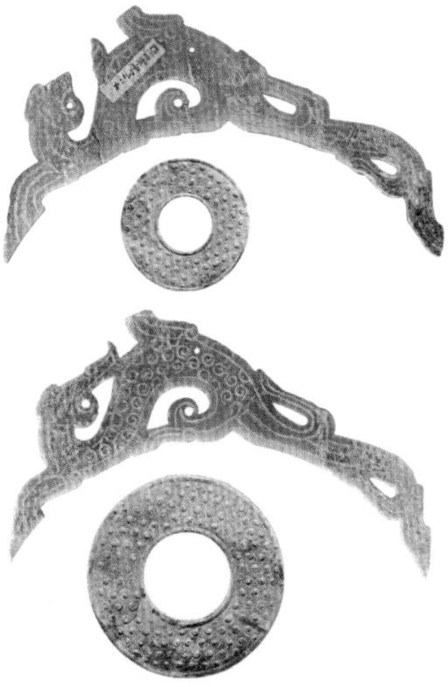

复原组合示意

【说明】 此组玉器出自湖南澧县新洲一号战国墓，包括谷纹玉璧、玉琥龙和扁条形玉饰，器型较大，属随葬玉器。玉琥龙是一种楚式葬玉，被认为是引导亡者升天的器物，活人不能使用，多见于楚人墓葬之中。玉璧本身具有殓葬功能，用于表明身份和殓尸。

长沙国王后曹撰墓葬玉

西汉（公元前 206—公元 8 年）

1975 年长沙市陡壁山长沙国王后曹撰墓出土

长沙博物馆藏

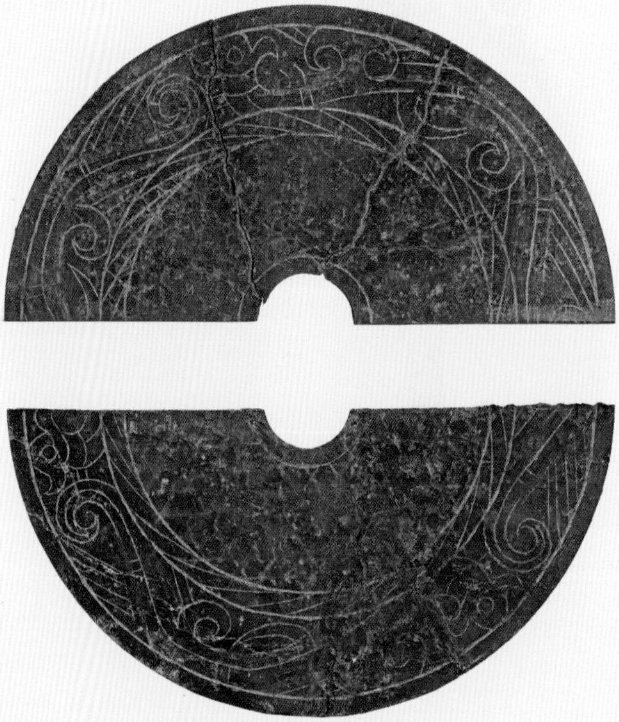

凤纹玉璜（2 件）

直径 16.7—16.9 厘米，

厚 0.3—0.4 厘米

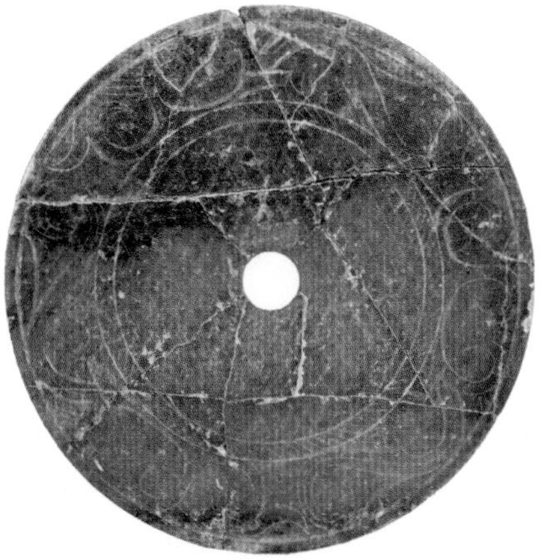

三凤蒲纹玉璧

直径 16.6 厘米，
边径 7.4 厘米，
厚 0.4 厘米

云纹玉璧

直径 15.2 厘米，
孔径 5 厘米，
厚 0.15 厘米

蒲纹玉璧

直径 16.8 厘米，
孔径 2.8 厘米，
厚 0.3 厘米

【说明】 葬玉。出自西汉长沙国王后曹嫘墓中，包括玉璧和玉璜，饰凤纹、蒲纹和云纹。这类玉璧多采用较深的青色或墨绿色玉料制作，故称“玄玉”，是一种专门用于丧葬的玉璧。西汉墓葬中以玉璧、玉璜等作为葬玉的例子较多，多将其置于墓主胸背处或周围，玉璧亦可镶嵌于棺木的头挡之上，以引导死者灵魂升天。

南越王墓墓主贴身铺盖 14 块玉璧用于殓尸

西汉（公元前206—公元8年）

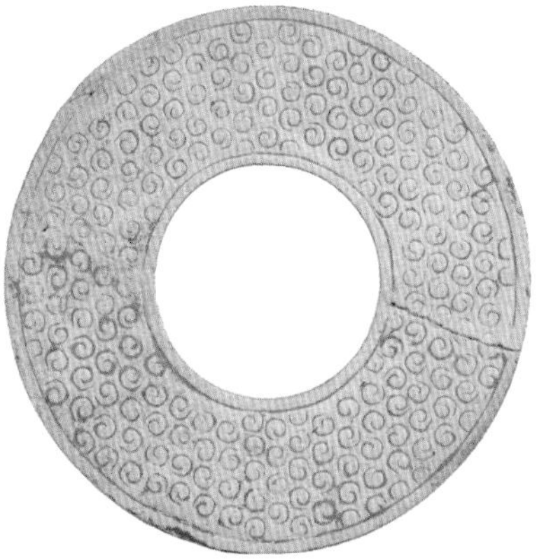

○云纹玉璧

直径14.6厘米，
边径4.1厘米，
厚0.5厘米
1977年长沙市红旗剧院M2出土
长沙博物馆藏

○云纹玉璧

直径14.2厘米，
边径4.5厘米，
厚0.4厘米
长沙市银盆岭茶子山造纸厂M14出土
长沙博物馆藏

○龙纹玉璧

直径17.1厘米，
孔径7厘米，厚0.2厘米
1993年长沙市望城坡古坟坑
长沙国王后渔阳墓出土
长沙简牍博物馆藏

龙纹玉璧

直径 25 厘米，孔径 9 厘米，厚 0.5 厘米

1985 年长沙市桐荫里五金工具厂 M3 出土

长沙博物馆藏

兽面谷纹玉璧

直径 20 厘米，孔径 6.8 厘米，厚 0.4 厘米

重庆中国三峡博物馆藏

谷纹玉璧

直径 10.2 厘米，孔径 2.8 厘米，厚 0.4 厘米

重庆中国三峡博物馆藏

【说明】 葬玉。器型较大，纹饰以龙纹、谷纹、涡纹、云纹为主。以玉璧殓尸的丧葬形式最早可追溯到新石器时期，汉代玉殓葬习俗更为盛行。汉墓中随葬大量玉璧的例子较为多见，多置于人首周围、棺板之上或棺椁之间。不仅用于表明身份、地位，也有引导墓主灵魂升天和祈求尸身不朽之意。

双龙涡纹玉璧

直径 16.4 厘米，孔径 4.2 厘米，厚 0.3 厘米

1993 年长沙市望城坡古坟垸长沙国王后渔阳墓出土

长沙简牍博物馆藏

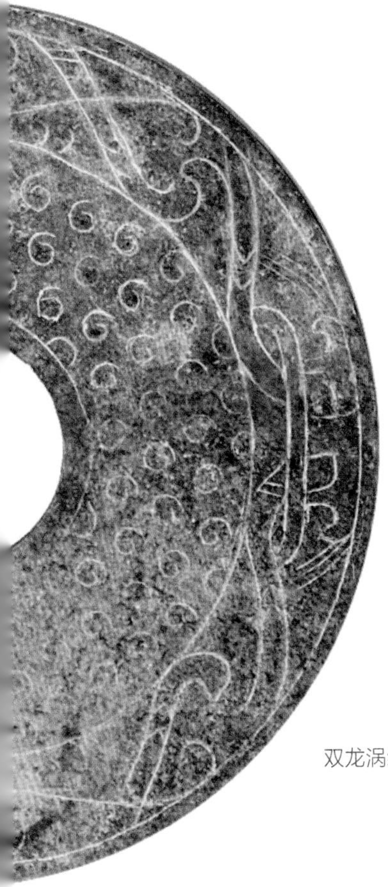

双龙涡纹玉璧局部

玉 璜

汉（公元前 206—公元 220 年）
长 11.4 厘米
成都市羊子山汉墓出土
重庆中国三峡博物馆藏

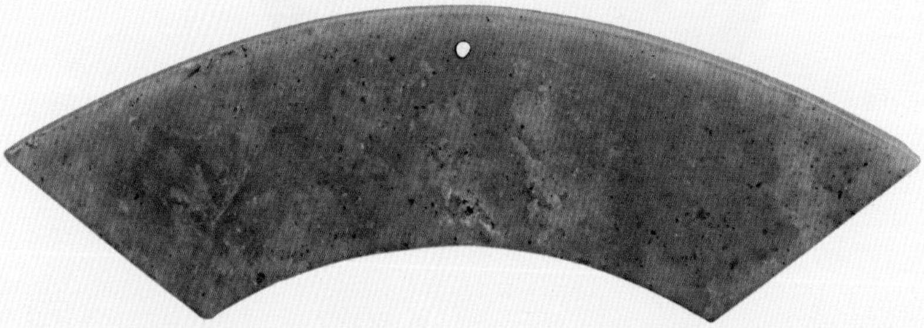

【说明】 璜是中国古代传统玉器之一，既可以作佩饰之用，也具有礼仪功能，还可作为随葬玉器。玉璜在春秋战国之际颇为流行，其形式和纹样极为丰富，汉代以后呈现衰退之势。此璜玉质呈青色，体扁平，扇面形，两面皆光滑素面，顶端钻有一孔，作为葬玉使用，多将其置于墓主周身，以祈尸身不朽。

玉衣片

西汉（公元前206—公元8年）
最长5厘米，宽4厘米
1958年长沙市杨家山铁路工地M1出土
湖南省博物馆藏

【说明】 该组玉衣片共计57片，光素无纹，形制多呈长方形、三角形等，其边缘有穿孔，用于缝缀连接，是为缀玉葬服上的玉片。玉衣是上层统治者专用的殓服，是丧葬玉的最高形制，由金缕、银缕、铜缕或丝缕将不同形状的玉片连缀而成，外观与人体形状相同。完整的玉衣形制出现于西汉早期，到三国时期逐渐废止。湖南地区尚未发现完整的玉衣，仅见玉衣片。

玉蝉

西汉（公元前 206—公元 8 年）

重庆中国三峡博物馆藏

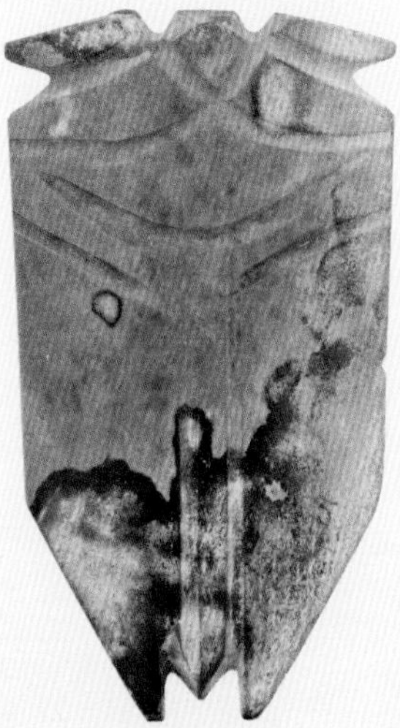

长 5.1 厘米，宽 2.9 厘米，厚 0.6 厘米

1952 年成都市青杠坡 M3 出土

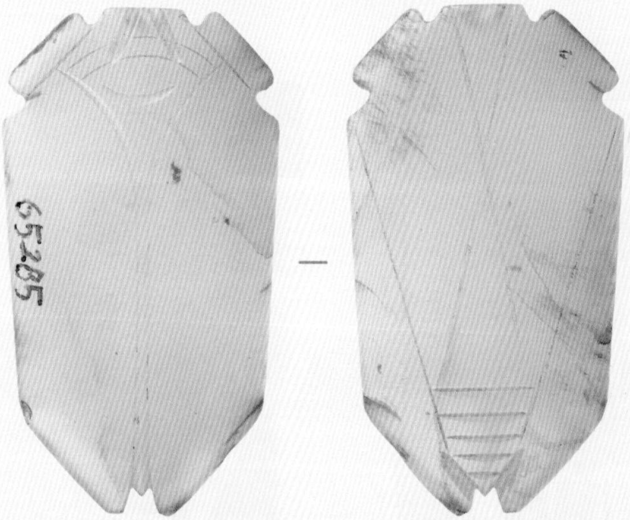

长 5.6 厘米，宽 3.2 厘米，厚 0.5 厘米

【说明】 呈蝉形，薄片状，以简练的阴刻线勾勒出蝉头、身和羽翼，刀法刚劲有力，具有“汉八刀”风格，为丧葬玉琀，是古时入殓放置在死者口中的玉。琀的形制，最初是多种多样的，发展到汉代，多以蝉形为主。之所以取形于蝉，以之为葬，是缘于蝉的脱壳再生，象征着生命的再生、延续和超凡脱俗的高尚品格，寓意死后借之羽化成仙，永享富贵。

玉握猪

新莽—东汉（公元 8—220 年）
1959 年长沙市五一路 M9 出土
湖南省博物馆藏

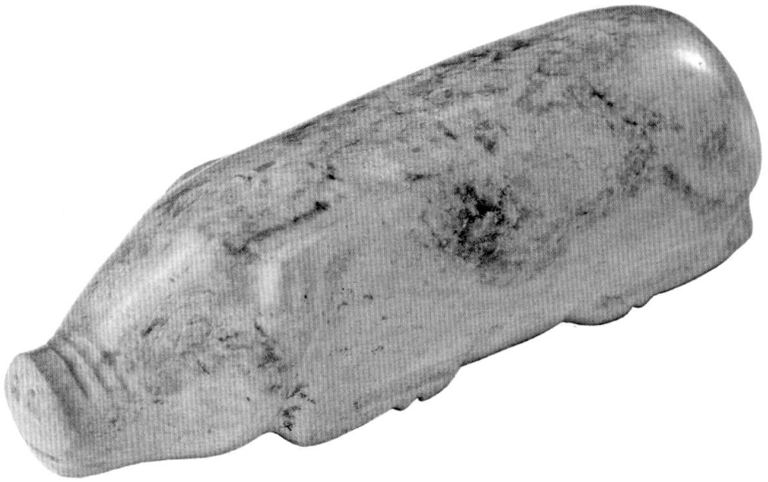

长 12.4 厘米，高 4 厘米

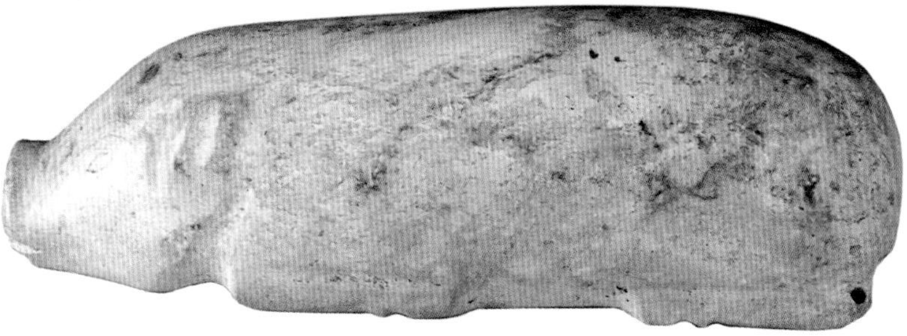

长 12.3 厘米，高 3.7 厘米

【说明】 玉握为死者手中所握之玉，有使其不空手而去之意。此葬俗远自新石器时代，当时多以獐牙、猪牙为握，商周之际多握贝，春秋战国时期则握玉、石、纺织品等。及至西汉，多以玉猪作握，成对出现。此对玉握猪体形较胖，作俯卧状，无尾，圆雕而成，阴刻出双眼，线条简练，器身琢磨光滑，用以象征死者生前的财富。

玉圭

西汉（公元前 206—公元 8 年）

长 18.4 厘米，宽 6.9 厘米

2006 年长沙市望城区风篷岭长沙王后张氏墓出土

长沙市文物考古研究所藏

【说明】 此玉圭出土于墓主内棺靠近前挡板处（墓主头向处），具有礼仪功能。此圭上端呈三角形，下端呈长方形，底部有一圆孔，是典型的汉代玉圭形制。玉圭是我国古代传统礼玉之一，被广泛用作“朝觐礼见”，是表明等级身份的瑞玉和祭祀、盟誓的祭器。

龙纹玉剑柄

春秋（公元前 770—前 476 年）
长 9.5 厘米，宽 1.8—3.7 厘米，厚 0.45—0.8 厘米
南阳市桐柏县月河镇左庄村 M1 出土
南阳市文物考古研究所藏

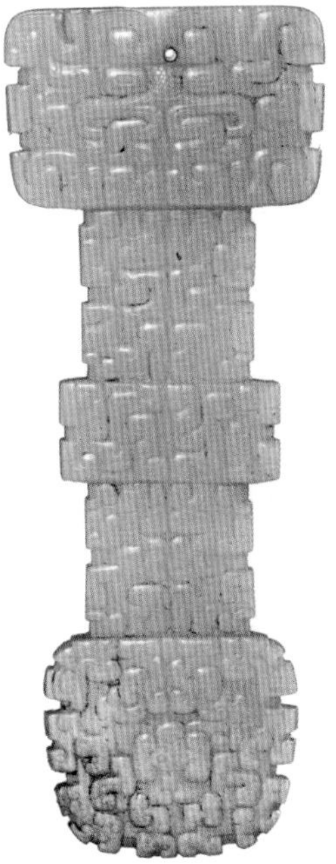

【说明】 以玉饰剑，始于西周，流行于春秋战国之际，于两汉达到顶峰。春秋战国之际诸侯争霸，战争频繁，加之各国有佩剑习俗，为标榜财富和地位，玉剑饰被广泛使用。此玉剑柄润泽细腻，质地微透，四面饰纹，剑格前端钻有一孔，与中部一小穿孔相通，工艺精湛，纹饰精美，是春秋剑饰中的匠心之作。

战国玉剑饰

战国（公元前 475—前 221 年）

长沙博物馆藏

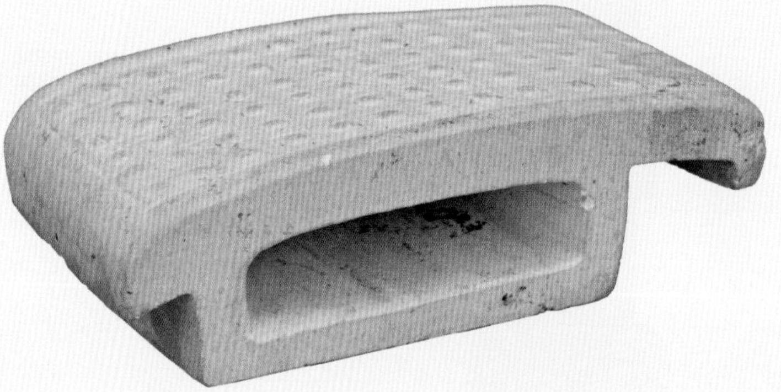

谷纹玉剑璏

长 4.6 厘米，宽 2.4 厘米，高 1.4 厘米

1979 年长沙市省建工局 M2 出土

【说明】 此组剑饰均出自长沙地区战国墓中，包括玉剑璏和玉剑珌。其中镶嵌于剑鞘之上，供穿系佩戴的饰件称为“璏”，多饰谷纹；位于鞘末端的饰件称为“珌”，多呈梯形，或饰云纹或光素无纹。玉剑饰在战国时期被广泛使用，为上层统治阶级用以显示尊卑有度的等级观念之物，是君子贵玉思想的深刻体现。

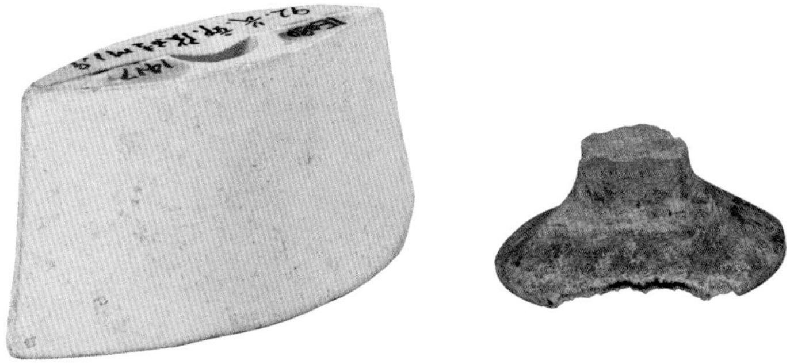

素面玉剑珌（附铜剑首）

长 4.9 厘米，宽 1.9 厘米，高 2.8 厘米

1992 年长沙市张公岭东风砖厂出土

勾云纹玉剑珌

长 6.1 厘米，宽 3.2 厘米，厚 1.4 厘米

1983 年长沙市赤岗冲铁路建设指挥部 M1 出土

长沙蓉园 M13 玉剑饰

西汉（公元前 206—公元 8 年）
1955 年长沙市蓉园 M13 出土
湖南省博物馆藏

云纹玉剑首

直径 3.8 厘米，厚 0.4 厘米

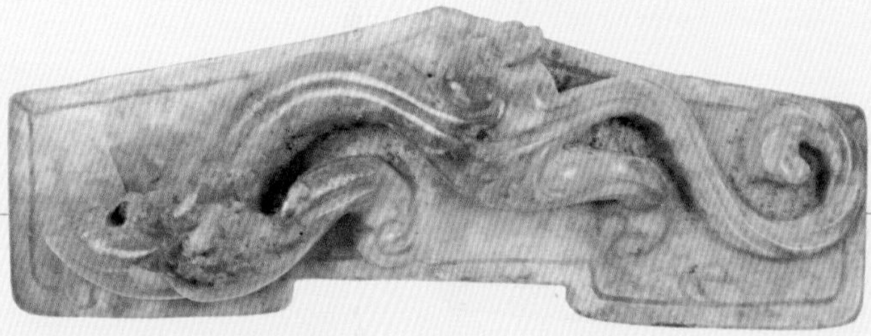

螭龙纹玉剑格

长 5.5 厘米，宽 1.5 厘米，厚 2.5 厘米

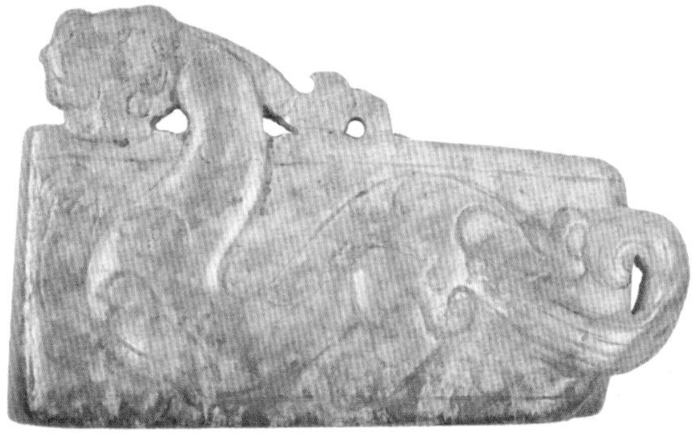

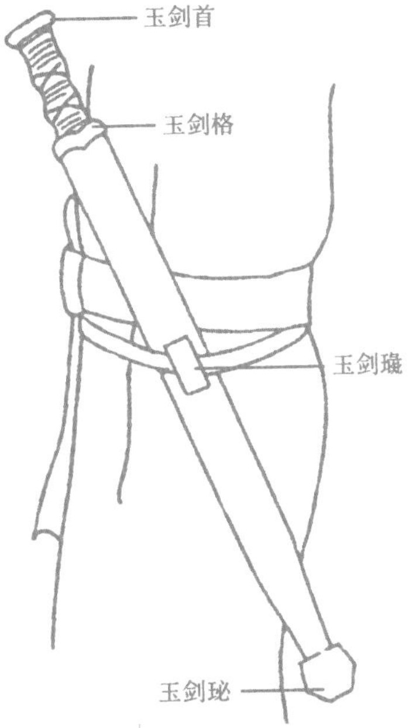

蟠龙纹玉剑璏

长 5.7 厘米，宽 3.3 厘米，
厚 1.2 厘米

蟠龙纹玉剑珌

长 5.9 厘米，宽 6 厘米，
厚 1.3 厘米

【说明】 以玉为装饰或镶嵌的剑被称为“玉具剑”。完整的玉具剑由剑首、剑格、剑璏、剑珌 4 个玉饰物组成。剑首为剑之柄端所嵌的玉饰；剑格，镶于剑柄与剑身相交处，有隔之意；剑璏是镶于剑鞘上，供穿戴佩系之用；剑珌是安在剑鞘尾端。此套玉剑饰是湖南地区目前发现的唯一一套完整玉剑饰，由云纹玉剑首、蟠龙纹玉剑璏、蟠龙纹玉剑格和蟠龙纹玉剑珌组成，是汉代贵族尊贵身份与地位的象征。以美玉之温润收敛剑之锋芒，便是玉具剑的魅力所在。

汉代玉剑饰

透雕动物纹玉剑首

西汉（公元前206—公元8年）

直径6厘米，边厚0.4厘米

1978年长沙象鼻嘴M1出土

湖南省博物馆藏

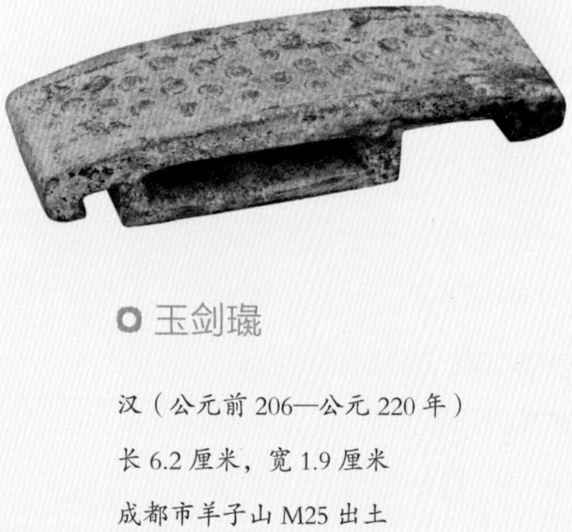

玉剑璏

汉（公元前206—公元220年）

长6.2厘米，宽1.9厘米

成都市羊子山M25出土

重庆中国三峡博物馆藏

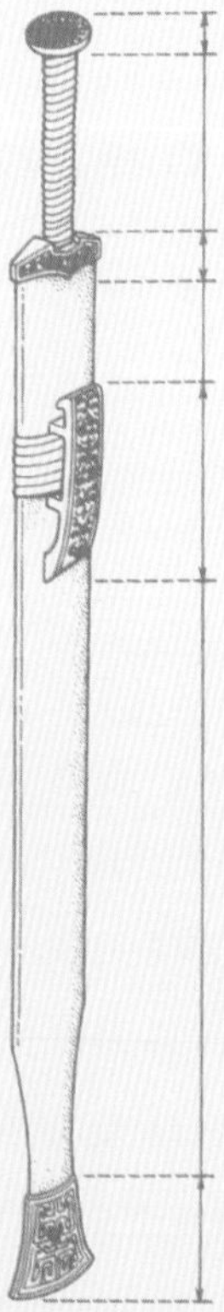
剑首：剑柄端饰
剑格：剑柄与剑体间隔护手处饰件
剑璏：剑鞘中腰供穿戴固定用物
剑珌：剑鞘末端饰件

云纹玉剑璏

西汉（公元前 206—公元 8 年）
长 8.5 厘米，宽 2.4 厘米，高 1.2 厘米
1980 年长沙市出土
长沙博物馆藏

云纹玉剑珌

西汉（公元前 206—公元 8 年）
长 5.8 厘米，宽 4 厘米，厚 1.5 厘米
重庆中国三峡博物馆藏

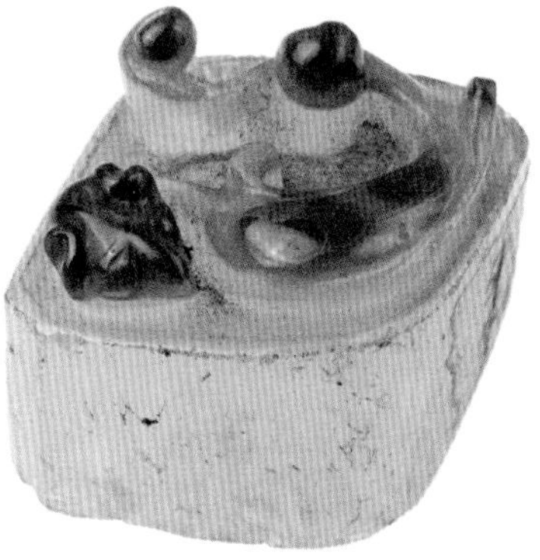

螭龙纹玛瑙剑珌

东汉（公元 25—220 年）
高 2.5 厘米，宽 3.6 厘米
1956 年湖南零陵东门外文庙 M1 出土
湖南省博物馆藏

【说明】 此组汉代玉剑饰精美、规范、典型。它们既是汉代贵族身份、地位的象征，又是一种珍贵的馈赠礼品。透雕动物纹玉剑首正面镶嵌一绿松石，外圈透雕生动的龙、凤、熊等动物，具有吉祥美好之寓意，其装饰纹样新颖别致、设计立体巧妙，代表了汉代玉器制作工艺的最高水平。

西汉玉印

西汉（公元前 206—公元 8 年）

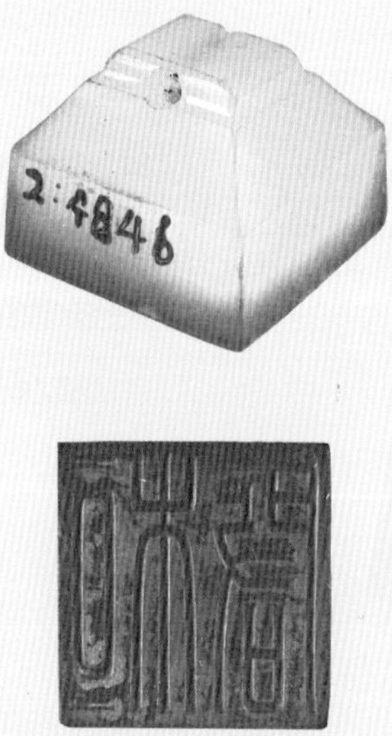

“桓启”玛瑙印

印面 2.4×2.4 厘米，高 1.3 厘米

1959 年长沙市左家塘新生砖厂 M1 出土

湖南省博物馆藏

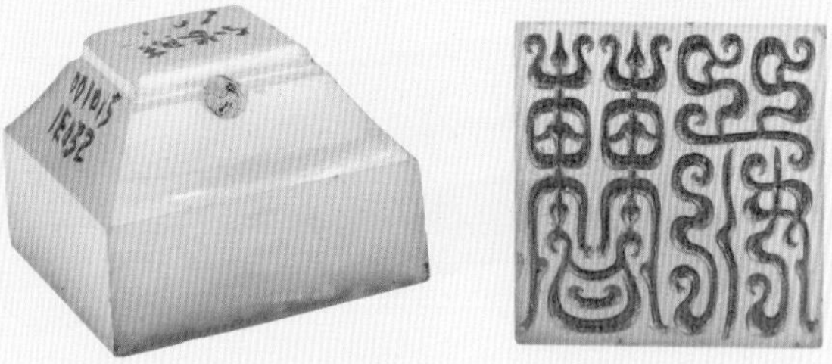

“曹嫼”玛瑙印

印面 2.3×2.3 厘米，高 1.6 厘米

1975 年长沙市陡壁山长沙国王后曹嫼墓出土

长沙博物馆藏

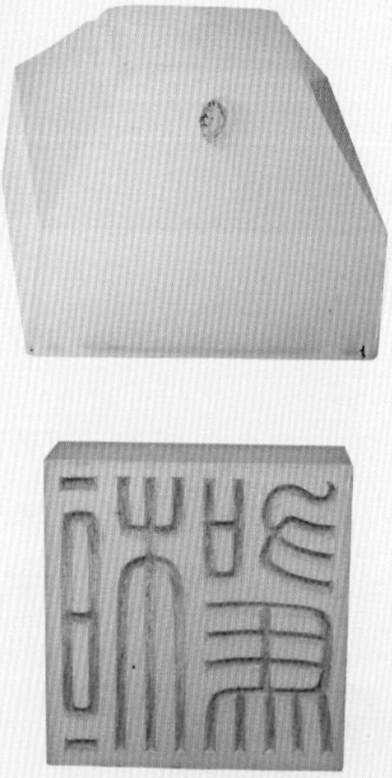

“桓驾”玛瑙印

印面 2.6×2.6 厘米，高 2.1 厘米

1990 年长沙市长岭橡胶厂 M1 出土

长沙博物馆藏

"周诱"玉印

印面 2.2×2.2 厘米，高 1.8 厘米
1956 年长沙市黄土岭 M27 出土
湖南省博物馆藏

"陈间"玉印

印面 2.3×2.3 厘米，高 1.6 厘米
1957 年长沙市左家塘 M1 出土
湖南省博物馆藏

"刘说"玉印

印面 2.3×2.3 厘米，高 1.4 厘米
1977 年长沙市杨家山 M244 出土
湖南省博物馆藏

【说明】 此组玉印均为私印，正方形，覆斗纽，印文阴刻篆体或鸟篆体，具有明显的汉代特色。其中的"周诱"玉印、"桓启"玛瑙印，是汉印典型的标准器，布局周正，自然雅致，横平竖直。除此以外，汉代还有螭虎纽、兽纽等各种形制玉印，端庄大方，颇具匠心，凸显大国风范。

玉勺

新莽（公元 8—24 年）

长 4.9 厘米

1976 年长沙市杨家山 M131 出土

湖南省博物馆藏

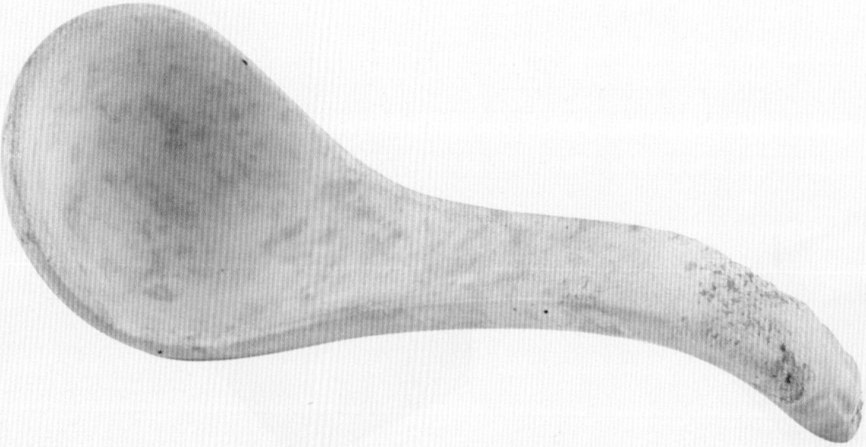

【说明】 汉代贵族阶层，不仅在祭祀、丧葬等重大礼仪活动中使用玉器，在日常生活中也较多使用玉制器皿。玉勺最早见于新石器时代，及至汉代逐渐减少。此玉勺受沁呈乳白色，光素无纹，制作较为粗糙，形制与现代的汤勺基本一致，为汉代生活用玉。

第四单元

以玉养性

JADE CULTIVATING ONE'S MORAL CHARACTER

THE SOUL OF JADE

ANCIENT CHINESE
JADE CULTURE

中国古代玉文化

佩玉吉祥

01

玉必有工，工必有意，意必吉祥。

魏晋南北朝，常以玉、琥珀等制成各种串饰，其中瑞兽呆萌，驱邪避凶；隋唐五代，佩玉多花鸟纹饰，造型多样，雍容华贵；宋辽金元玉器，以写实花鸟鱼虫与山林景色为纹饰，形神兼备，用以祈求吉祥；明清玉器，讲究“图必有意，意必吉祥”，生灵入器，赋意美好。

玉佩虽小，求福禳灾，承载数千年流光、无数国人无尽良愿。

兽形饰

琥珀兽形饰

晋（公元 265—420 年）

长 1.4—2.6 厘米

1958 年长沙市王公塘 M1 出土

湖南省博物馆藏

炭精兽形饰

南北朝（公元 420—589 年）
长 3 厘米，宽 1.7 厘米，高 2.5 厘米
重庆市宝轮院出土
重庆中国三峡博物馆藏

【说明】 魏晋南北朝时期的玉器已基本不再蕴含商周时期玉器神秘庄严的政治和宗教气息，虽仍在一定程度上带有沿袭自汉代的神仙思想，但已逐渐贴近生活，走入平常百姓家，是玉器从神秘化走向生活化的过渡时期。

小型动物形玉雕件常见于两汉魏晋南北朝时期的墓葬中，呈趴伏或蹲跪状，常以琥珀和炭精作为原材料。这些小兽器型虽小，却雕刻得颇为细致，与其他材质制成的珠、管类饰物一同穿绳后系于颈部或腕部，是西汉史游《急就篇》中记载的“系臂琅玕虎魄龙”“射魃辟邪除群凶”的辟邪消灾之物。

炭精坠

南北朝（公元 420—589 年）

长 1.7 厘米，宽 1.7 厘米，高 0.5 厘米

重庆市宝轮院出土

重庆中国三峡博物馆藏

【说明】 该吊坠形制为较少见的正方形，器身有一道贯穿孔，一面刻有五个圈点纹，与汉代滑石璧纹饰类似。炭精于西汉末年自海上丝绸之路传入后便在全国各地都有使用，并且几乎都是被雕刻成动物形的小佩饰，常与琥珀、玛瑙等一同作为串饰使用。

玉头银脚钗

隋（公元 581—618 年）
残长 5.5 厘米
1958 年长沙市陆家冲 M3 出土
湖南省博物馆藏

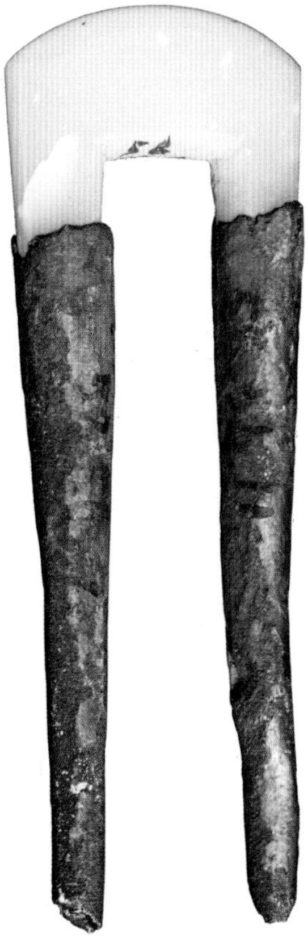

【说明】 双股钗，玉质莹润细腻，以银片包裹钗脚。南北朝开始流行双股钗，钗脚则用贵重金属包镶。北朝末至隋代，玉钗所选用的玉料愈发上乘，高档的白玉料开始较多地使用在玉钗上。

玛瑙珠

唐（公元618—907年）

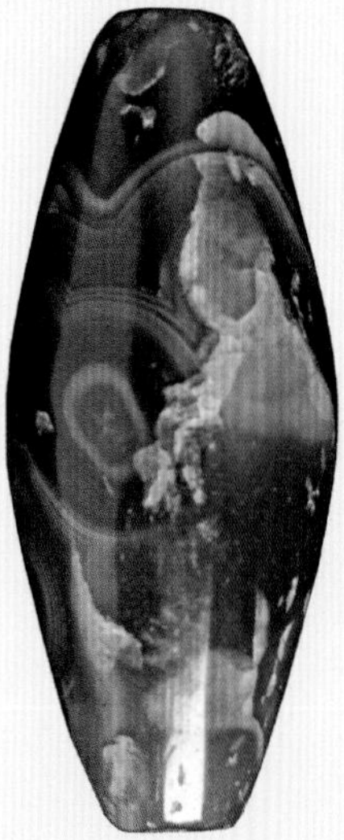

长 2.8 厘米，直径 1.2 厘米
1958 年长沙赤岗冲 M14 出土
湖南省博物馆藏

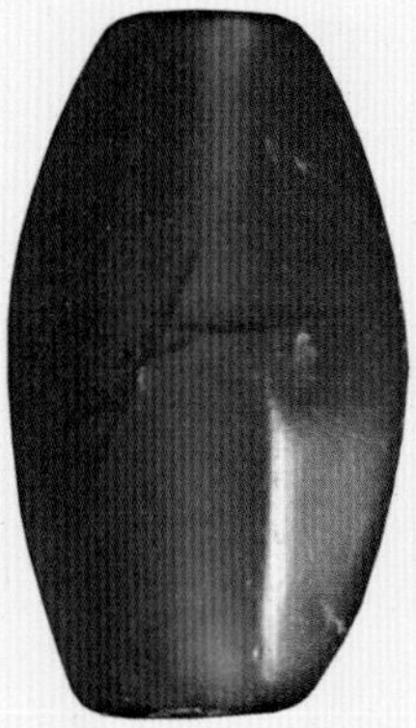

长 1.4 厘米
1964 年长沙左家塘窑厂 M7 出土
湖南省博物馆藏

【说明】　两件玛瑙珠均为枣核形，表面打磨光滑细腻，有贯穿孔，可与其他珠管串联成项饰或腕饰。唐代出土玛瑙器较多，最引人注目的当属玛瑙器皿，如西安何家村窖藏出土的玛瑙羚羊首杯，晶莹剔透，光彩夺目。

花卉纹玉梳背

宋（公元960—1279年）
长9.1厘米，宽3.4厘米，厚0.2厘米
重庆中国三峡博物馆藏

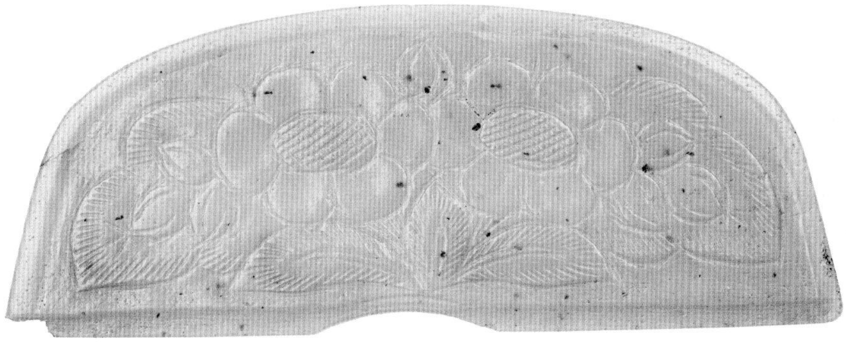

【说明】 扁平片状，呈半月形，浅浮雕折枝花卉纹，花叶以短阴刻线装饰。宋代的梳篦较前代更为宽大，不仅仅是梳头的工具，也是固定女子发髻的装饰物，所以制作得尤为精致。

琥珀珠串

明（公元 1368—1644 年）
直径 0.6—0.8 厘米
1973 年常德市德山 M1 出土
湖南省博物馆藏

【说明】 由 6 颗大琥珀珠及 35 颗圆饼形小琥珀珠串联而成，小珠呈半透明，大珠不透明。琥珀莹润纯净、色泽鲜艳且易于雕刻。明代琥珀使用范围广泛，发簪、束发冠、带板、佩饰甚至杯等实用器都能看到琥珀的身影。

嵌宝石金戒指

明（公元 1368—1644 年）

直径 1.9 厘米

重庆中国三峡博物馆藏

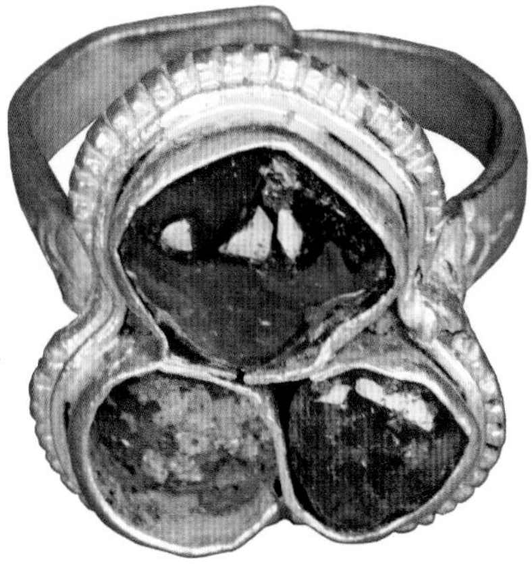

【说明】 随着玉料及宝石来源的广泛、工艺的进步，明代贵族对玉器的要求之高不仅体现在大量使用和田玉上，而且体现在其利用各种宝石进行繁复的镶嵌上。美丽的猫眼石，珍贵的红宝石、蓝宝石等被大量镶嵌在各类贵重金属制成的佩饰上，尽显雍容华贵。

玉笄

明（公元 1368—1644 年）
左：长 11.5 厘米
右：长 9.3 厘米
成都市永兴寺出土
重庆中国三峡博物馆藏

【说明】 玉笄是男女通用的发饰，男子可以用来束发或者固冠。用于固定头冠的为衡笄，用于束发的为髻笄。对于女子而言，笄不仅起装饰头发的作用，更是女子成年的象征。明代头饰多用和田玉制成，琢玉工艺精湛，形式多样，还有采用宝石镶嵌的新颖式样。

桃形玉带饰、喜鹊梅枝纹玉带饰

明（公元 1368—1644 年）
上：长 6.1 厘米，宽 6 厘米，厚 0.7 厘米；
下：长 3.5 厘米，宽 3.3 厘米，厚 0.8 厘米
重庆中国三峡博物馆藏

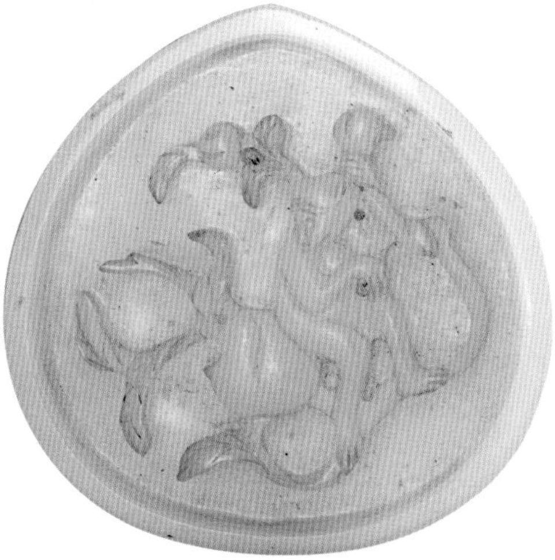

桃形玉带饰

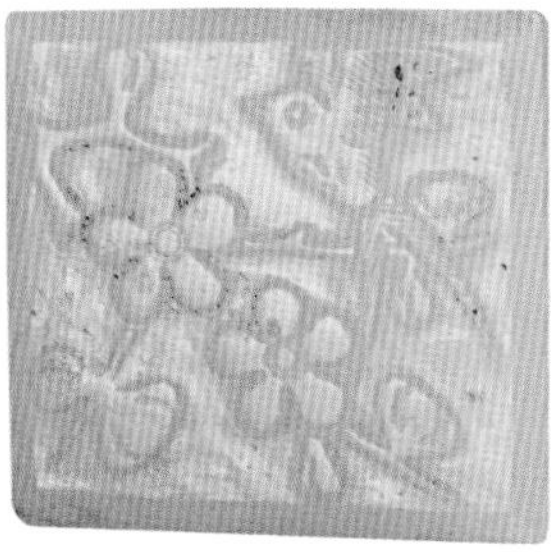

喜鹊梅枝纹玉带饰

【说明】 玉带由蹀躞带发展而来，目前考古出土最早的玉质蹀躞带为北周时期的。明代玉带成为舆服制度的重要组成部分，每逢朝会或重大节庆活动，上至皇帝下至文武百官均需穿袍佩玉带，并且玉带上带板的数量也有严格规定，是明代官僚身份、地位和财富的象征。明中期后玉带形成定制，皇帝的玉带有带饰 22 块，连同双铊尾共 24 块，臣僚的玉带有带饰 18 块，连同铊尾共 20 块。

折枝牡丹纹玉带扣

明（公元 1368—1644 年）

长 12.6 厘米，宽 4.9 厘米

长沙博物馆藏

【说明】 玉质佳，碾磨精细，钩头作龙首形，钩面上浮雕折枝牡丹纹。带扣是连接革带的工具，早在春秋时期便已产生，起初为北方少数民族使用，由带钩和扣件两部分组成，可分为固定扣舌和活动扣舌两种形制，以金、银及玉质多见。

明（公元 1368—1644 年）

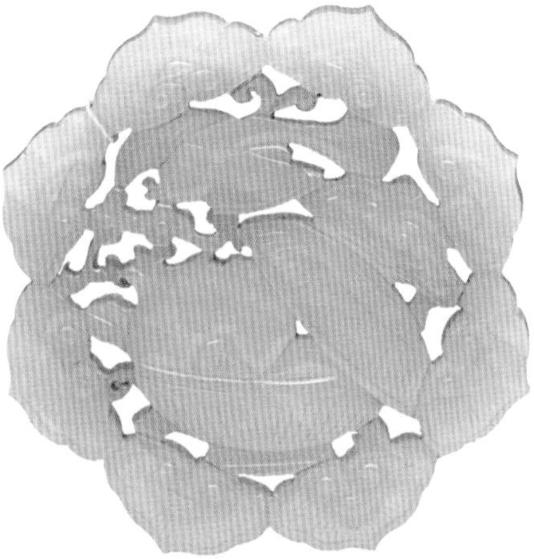

镂雕花鸟纹玉佩

直径 7.8 厘米，厚 0.6 厘米

长沙博物馆藏

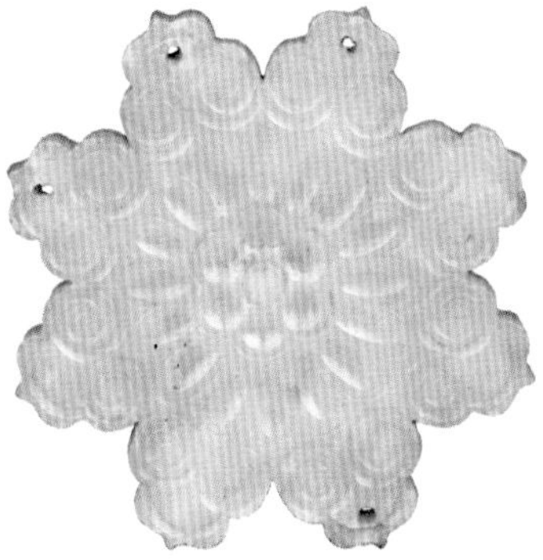

花形玉饰件

直径 3.6 厘米

重庆中国三峡博物馆藏

【说明】 明代佩玉常用镂空、钻孔技法，双层透雕是其特色，虽造型独具匠心，但雕刻的纹饰显得瘦弱纤细，而且碾磨不够精细，给人稚拙有余而精细不足之感，故后人对明代玉器常有“粗大明”的评价。

翡翠翎管、玉翎管

清（公元 1644—1911 年）
左：长 6.5 厘米，直径 1.4 厘米；
右：长 7.5 厘米，直径 1.5 厘米
重庆中国三峡博物馆藏

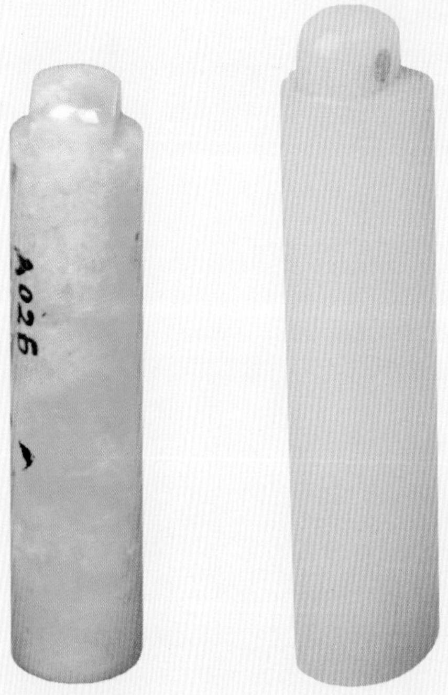

翡翠翎管　　玉翎管

【说明】　翎管是清代官员身份和等级的象征，是用于礼帽顶珠下方安插翎子的器物。文官至一品镇国公、辅国公用翠玉翎管，武官至一品镇国将军、辅国将军用白玉翎管。翎管顶部有一对穿纽，管身内部中空可插入翎子，一般由和田玉或翡翠等高档玉料制成，也有少数使用琥珀、水晶、琉璃、青金石等材质。

铜底水晶顶珠、二龙抢宝铜底水晶顶珠

清（公元 1644—1911 年）

左：高 5.5 厘米；右：高 8.2 厘米

重庆中国三峡博物馆藏

铜底水晶顶珠

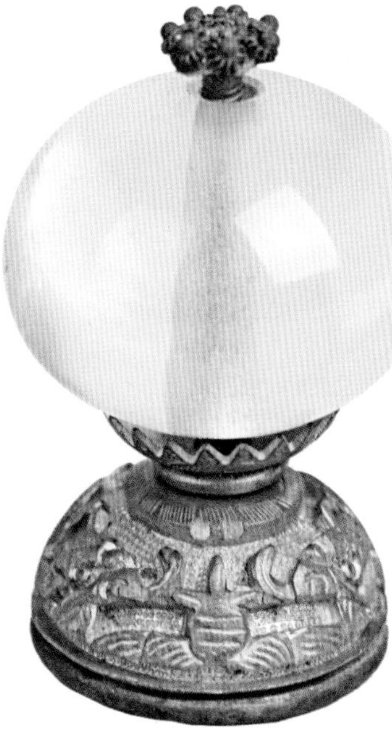

二龙抢宝铜底水晶顶珠

【说明】 顶珠原是少数民族帽子上的装饰，自元代出现，清朝时演变成为身份、等级的象征，使用时需严格遵守规章制度。通常底部以金或者铜采用累丝等工艺制成底座，上面镶嵌各种宝石。帽顶分为柱式的朝冠顶和圆球状的吉服顶，这两件便是吉服顶。

玉帽花

清（公元 1644—1911 年）
直径 3.6 厘米
重庆中国三峡博物馆藏

【说明】 帽花也称帽正或帽准，是装饰在帽沿正中的饰物，明清十分流行，最初的功能是提醒人们将帽子戴正。因为帽花位于十分显眼的位置，后来其装饰功能已经远大于实用功能。帽花材质主要有玉石、金属两类。玉质帽花多见花卉造型，也有正方形上雕刻各式纹样。

绿松石念珠、孔雀石珠

清（公元1644—1911年）
左：长62厘米；
右：直径1.26厘米
重庆中国三峡博物馆藏

绿松石念珠

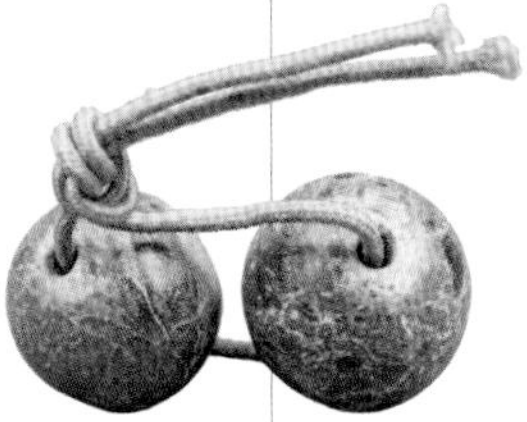
孔雀石珠

【说明】　念珠原为信奉佛教的善男信女或僧尼念佛时用来计诵读次数的工具，后来逐渐变成供人把玩的装饰品，做工、材质越来越精美，通常由108粒组成。手串则由18粒串成，又名十八子。

扁簪

清（公元 1644—1911 年）

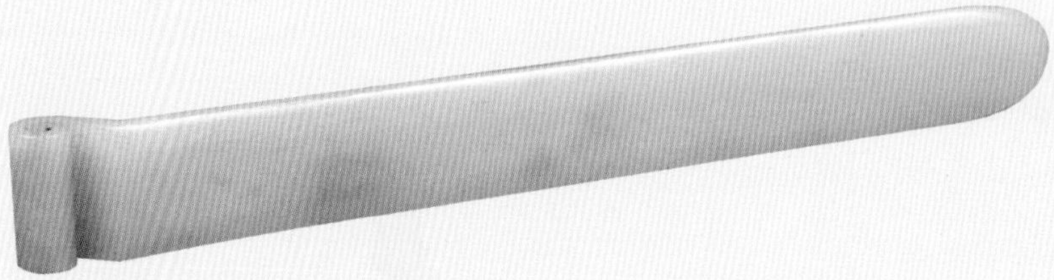

玉扁簪

长 15.5 厘米，宽 1.8 厘米

重庆中国三峡博物馆藏

“寿”字卷花头翡翠扁簪

长 9.5 厘米，宽 1.1 厘米

长沙博物馆藏

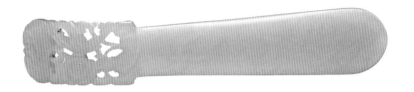

梅竹如意纹头玉扁簪

长 11 厘米，宽 1.9 厘米

长沙博物馆藏

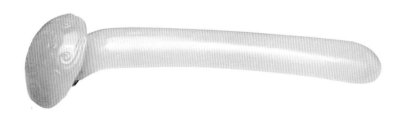

“寿”字如意形头玉扁簪

长 11 厘米，宽 3.1 厘米

长沙博物馆藏

【说明】 清代玉质发簪形式多样，工艺精美，有扁方形、圆柱形等，工艺有镂雕、浅浮雕、镶嵌等。其中扁方簪是满族妇女梳旗头时所用的特殊大簪，均作扁平“一”字形。清代玉簪形制较前代有所变化，簪身变宽变大，这与清代妃嫔发式逐渐加宽加大有关，有的发簪一端做成挖耳勺的样式，既可以装饰又具有实用价值。

绞索纹玉镯、花卉纹玉镯

清（公元 1644—1911 年）
上：直径 8.2 厘米，厚 1 厘米；
下：直径 7.6 厘米，厚 1 厘米
长沙博物馆藏

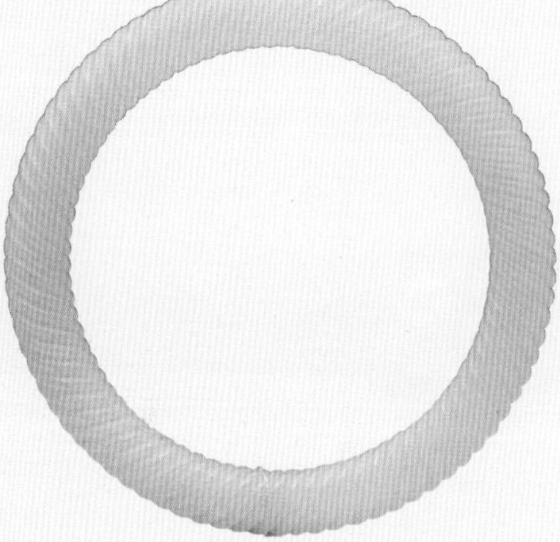

绞索纹玉镯

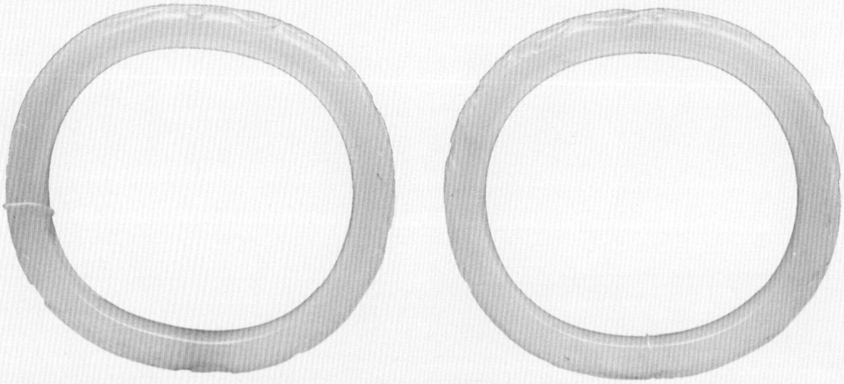

花卉纹玉镯

【说明】 玉镯在新石器时代就已出现，为佩戴在腕部的装饰品。清代手镯有圆条形、扁条形、方条形及贵妃圈等式样，部分有金银镶嵌，也有在镯子上雕刻绞丝、龙凤等纹样。由于翡翠的传入，清代出现了翡翠手镯。

翡翠戒指

清（公元 1644—1911 年）
直径 2.2 厘米
重庆中国三峡博物馆藏

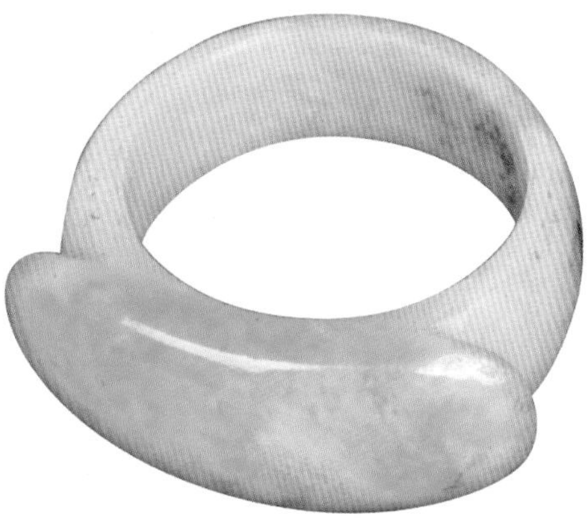

【说明】 戒指又名指环、手记、约指等，是戴在手指上的饰物，男女皆可佩戴。清代流行在戒指一侧雕刻出凸起的戒面。该戒指将翠色留在戒面上，形成俏色效果，让戒指看起来更为灵动。

扳指

清（公元 1644—1911 年）

重庆中国三峡博物馆藏

玻璃扳指

直径 3 厘米，高 2.5 厘米

琥珀扳指

直径 2.8 厘米

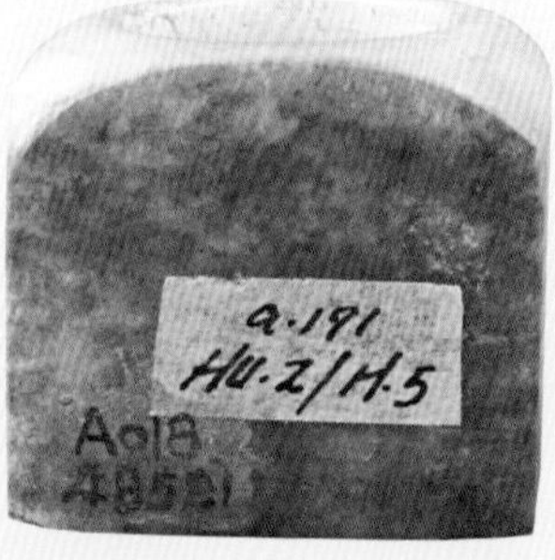

玉扳指

高 2.8 厘米，直径 2.9 厘米

青金石扳指

直径 3.1 厘米

【说明】 扳指是由商代时佩戴用于射箭的玉韘演变而来。清代流行佩戴扳指，但已不具备军事功能，成为男子的装饰品，也是权势、地位的象征。乾隆时期，扳指的制作工艺、用料愈发精湛。清代扳指常有玉石、翡翠、玛瑙、珊瑚等材质，还有瓷、铜、金等。

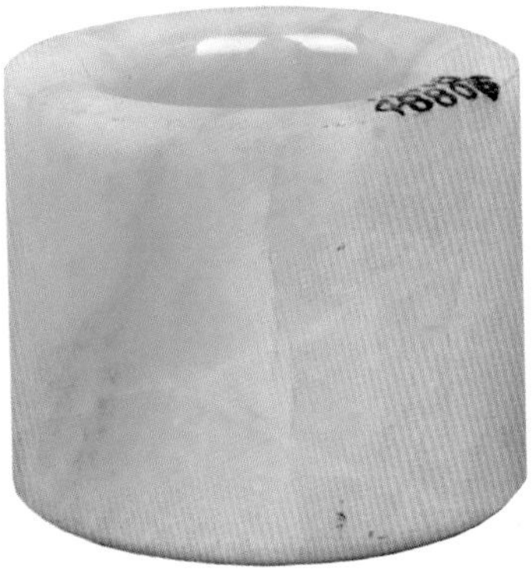

翡翠扳指

直径 3.3 厘米，高 2.8 厘米

商代妇好墓出土玉韘使用示意图

带扣

清（公元 1644—1911 年）

蟠螭纹玉带扣

长 9.7 厘米，宽 3.9 厘米

长沙博物馆藏

嵌玻璃铜带扣

长 9.7 厘米

重庆中国三峡博物馆藏

盘长纹玉带扣

长 11 厘米，宽 3 厘米

长沙博物馆藏

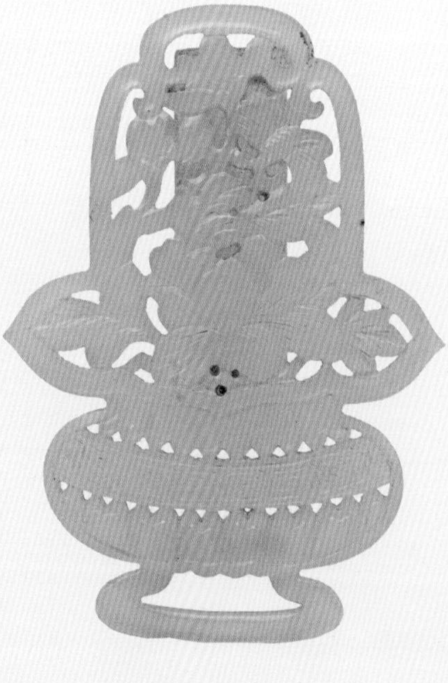

花篮形玉带扣

高 8.3 厘米，宽 6 厘米

重庆中国三峡博物馆藏

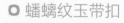

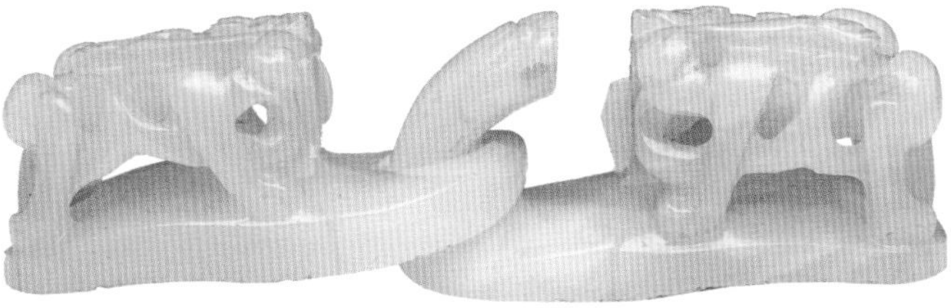

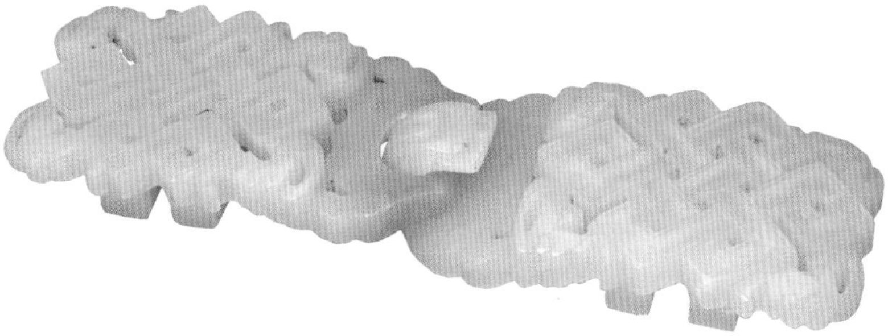

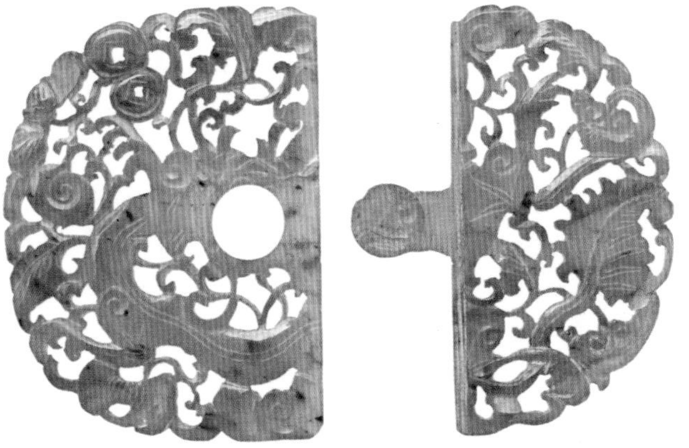

【说明】 玉带扣是连接腰带的工具，由两块玉组成。其中一块的一端有穿孔，另一块的一端则雕成钩状。钩首多雕刻成龙首形，背部有长条形带穿，用于穿系腰带，其功能相当于现在的皮带头。玉带扣在服饰穿搭上处于较显眼的位置，是身份、财富的象征，常采用镂雕、浮雕等方式，雕刻蟠螭、龙、花鸟鱼虫等吉祥纹饰。

○ 镂空龙纹玉带扣

长 6.1 厘米，宽 7.1 厘米

长沙博物馆藏

翡翠、玛瑙雕人物花鸟兽纹银链组佩

清（公元 1644—1911 年）
长 50 厘米
长沙博物馆藏

【说明】 玉组佩在西周时期已多见，为具有礼仪性质的装饰品，由璜、环、珠管类玉器组成。春秋战国时形制复杂多变，成为贵族、君子佩戴以节步和彰显自身德行的佩饰。清代玉组佩基本为装饰物，由金属链条或其他绳索连接各种形状的玉饰而成，也有使用玛瑙、水晶或其他宝石者。

『九如天保』锁形玉佩、『长命富贵』锁形玉佩

清（公元1644—1911年）
上：长7.5厘米，宽5.2厘米；
下：长7.8厘米，宽5.8厘米
长沙博物馆藏

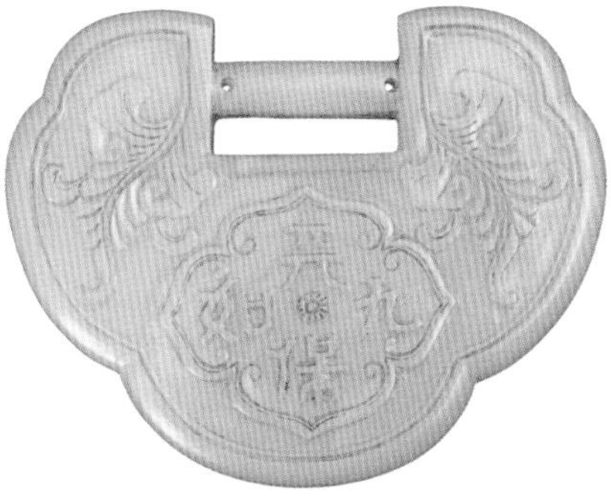

“九如天保”锁形玉佩

“长命富贵”锁形玉佩

【说明】 长命锁据传源于汉代长命缕，又称百索、朱索、五色丝，系于手臂，用于避凶祈福。宋代多幅儿童玩乐题材画绘有佩戴长命锁和长命缕的孩童形象。明清时期流行在长命锁上雕刻“长命富贵”“九如天保”等吉祥语及蝙蝠等辅助纹样。长命锁材质多样，富贵人家多用金、玉、象牙等材质制成长命锁，普通人家则用银、铜、石或木等材质制成长命锁，不论是何种材质，都凝聚了人们的殷切希冀和美好祝福。

吉祥文字纹玉佩

清（公元 1644—1911 年）

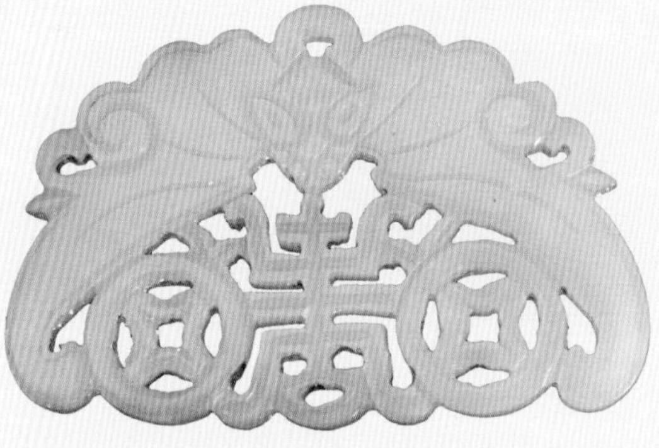

"福寿双全"纹玉佩

长 7.1 厘米，宽 4.6 厘米

长沙博物馆藏

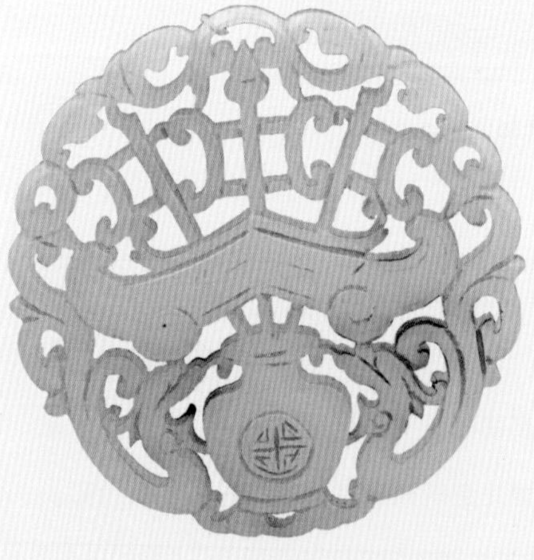

"平升三级"纹玉佩

直径 5.4 厘米，厚 0.5 厘米

长沙博物馆藏

【说明】 在玉器上镂雕吉祥文字起源于汉代。在玉璧上雕刻“宜子孙”“益寿”“长乐”等字样，表达了对长生不老、子孙延绵及生活安逸的追求。清代玉佩常镂雕题材多样的吉祥文字，并辅以蟠螭、龙凤、蝙蝠等纹饰，寄予美好的祝愿，体现了民众的精神诉求。

万寿纹玉佩

长 9.2 厘米，宽 6.2 厘米
重庆中国三峡博物馆藏

动、植物纹玉佩饰

清（公元 1644—1911 年）

凤鸟山石花卉纹翡翠牌

长 8.5 厘米，顶端宽 2.3 厘米，
底端宽 2.7 厘米，厚 0.5 厘米
重庆中国三峡博物馆藏

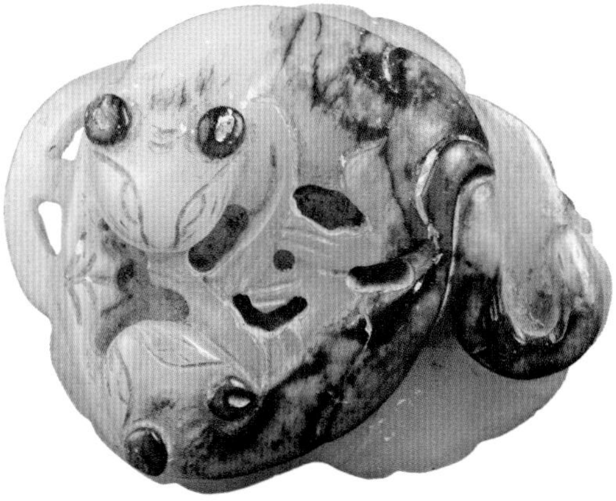

秋叶双獾纹玉佩

长 6.3 厘米，宽 4.8 厘米

长沙博物馆藏

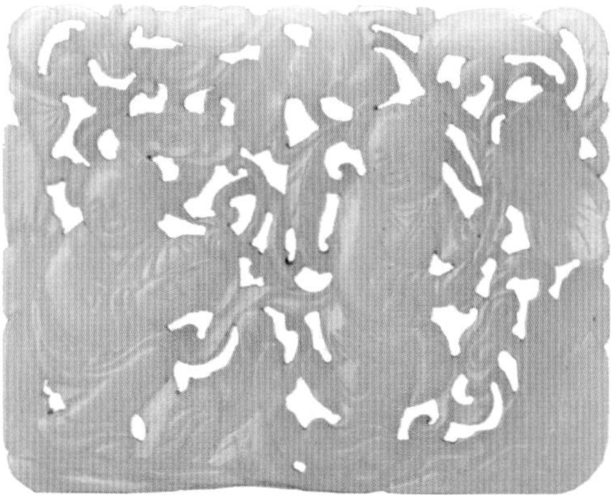

“和合二仙”纹玉佩

长 7.9 厘米，宽 6 厘米

长沙博物馆藏

【说明】 清代佩玉题材来源广泛，具有浓厚的生活气息，植物纹饰常见牡丹、菊花、梅花等各类花卉，动物纹既有龙、凤等想象中的神话动物，也有狮子、鱼、鸟、獾等，还有与道教、佛教等有关的宗教题材。清代玉器纹饰讲究“图必有意，意必吉祥”，在佩玉上尤其体现得淋漓尽致：大象和瓶表示太平有象，马与猴象征马上封侯，鱼与莲花象征年年有余，两只獾谐音“双欢”。这种趋吉避凶的题材虽自汉代便已发端，但在清代达到顶峰，表达了人们对美好生活的向往，也反映玉器已经完全从庙堂高台走入世俗民间。

“子冈”款诗文玉牌

清（公元 1644—1911 年）
长 4.6 厘米，宽 3.5 厘米
长沙博物馆藏

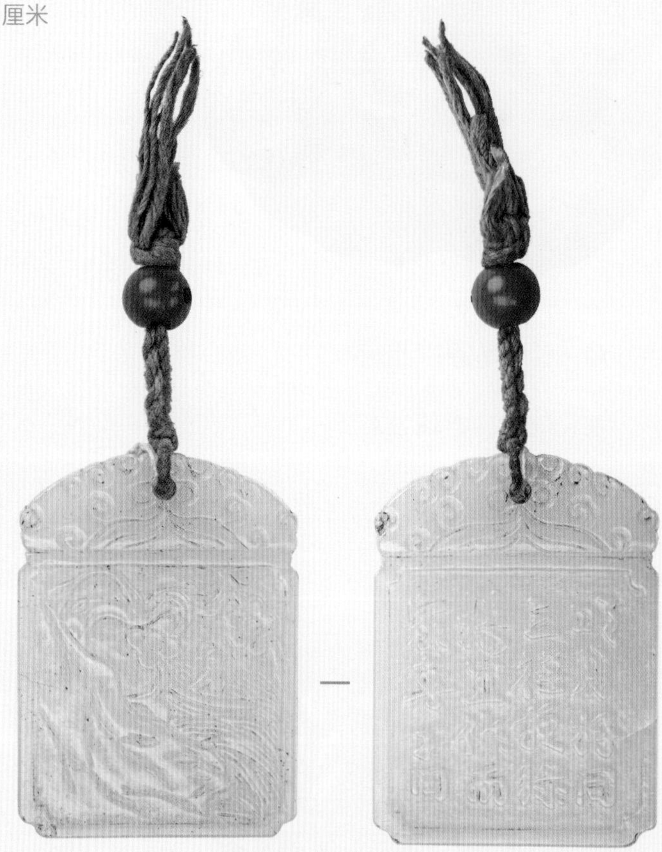

【说明】 玉牌是明清两代十分盛行的玉佩饰，多为长方形，顶端有孔可佩带，周边雕刻窄边框，中央用减地隐起的技法雕刻出山水、人物纹样或诗词。陆子冈是明末的玉雕大师，擅制玉牌，在玉牌上雕刻极浅的剔地阳文图案并将地子碾磨成磨砂质感的糙地是其特色，做工巧妙，雕工精湛，万众追捧，售价高昂。正因如此，从明后期到清代市场上一直有大量的“子冈”或“子刚”款玉牌仿品。

兽面纹钺形玉佩

清（公元 1644—1911 年）

长 5.8 厘米，肩宽 4.4 厘米，刃宽 8.7 厘米，厚 0.9 厘米

重庆中国三峡博物馆藏

【说明】玉钺在古代是一种仪仗性的兵器，自新石器时代晚期开始出现。商周时期，形制仍呈“风”字形，但中央孔洞加大，刃部由弧形变成折刃、宽刃。商代玉钺为仪仗器，东周后不再使用。清代这种钺形佩，玉质雕工都很讲究，两侧琢制扉棱，刃部呈云头状。正面雕琢一兽面纹及云纹、乳丁纹。

“斋戒”铭文玉牌

清（公元 1644—1911 年）
长 5.9. 厘米，宽 4.1 厘米
重庆中国三峡博物馆藏

【说明】 该玉牌正反两面长方形框内分别刻有满文和汉文“斋戒”二字，外缘透雕两只首尾相接的龙，龙身饰云纹。“斋戒”玉牌是清代皇帝及官员参与祭祀活动时佩带的警示牌，时时提醒佩带的人在斋戒时保持恭肃之心，有玉、翡翠、琥珀、金属等材质，多为方形、椭圆形或葫芦形。

童子持灵芝玉佩、童子戏猫玉佩

清（公元1644—1911年）
左：高5.4厘米，宽3.1厘米；
右：长2.9厘米，宽2.9厘米
长沙博物馆藏

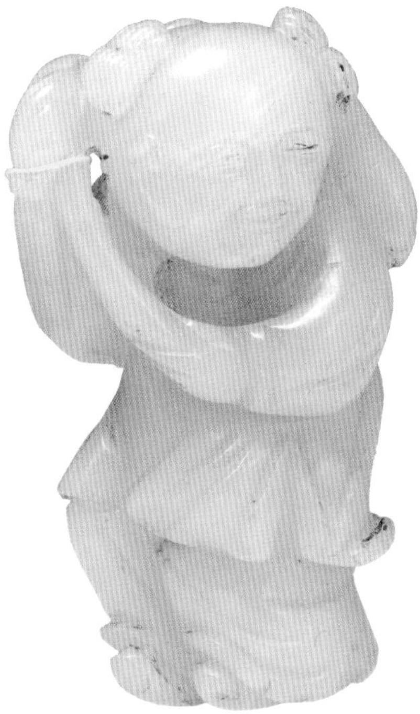

童子持灵芝玉佩

童子戏猫玉佩

【说明】 玉童子出现于宋代，此后一直是玉雕常见题材。宋代玉童子常与荷花一起出现，带有宗教色彩，也与当时生活习俗有关。清代玉童子造型丰富，除了持荷外，还与多种动植物搭配，器型较大，形象写实，服饰宽大飘逸，立体感强，前额饱满，五官雕琢细致，而且大多嘴角上翘呈微笑状，看上去喜庆吉利。

雅物怡情

02

以玉怡情，清心静气。

南北朝后期起，民族大融合和外域文化的碰撞程度不断加深，至隋唐更甚，玉器彻底摆脱了神秘感，建立起贴近生活的世俗化玉器体系，宋元承前启后，明清达到鼎盛。

礼性骤减，玩味甚浓。有些小件玉器用来把玩，如玉带钩、圆雕吉祥动植物；有些兼具陈设与实用双重功能，如玉碗、玉壶、文房用具等；有些专门用来陈设欣赏，如玉插屏、玉山子、玉如意、玉花插等。

礼神之玉，渐成赏玩雅物。

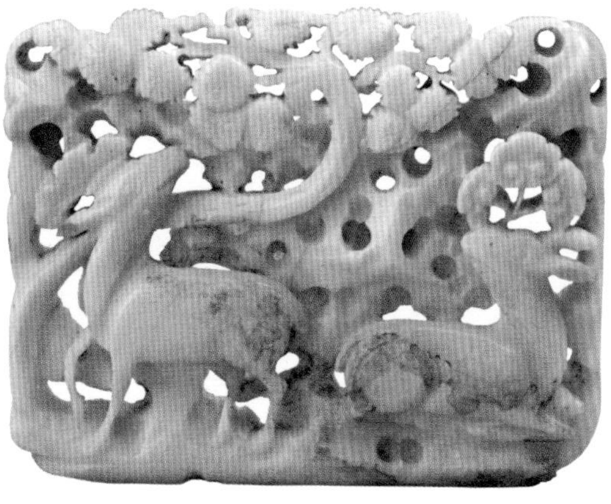

镂雕松下双鹿纹玉饰件

宋（公元 960—1279 年）
长 6.3 厘米，宽 8.3 厘米
长沙博物馆藏

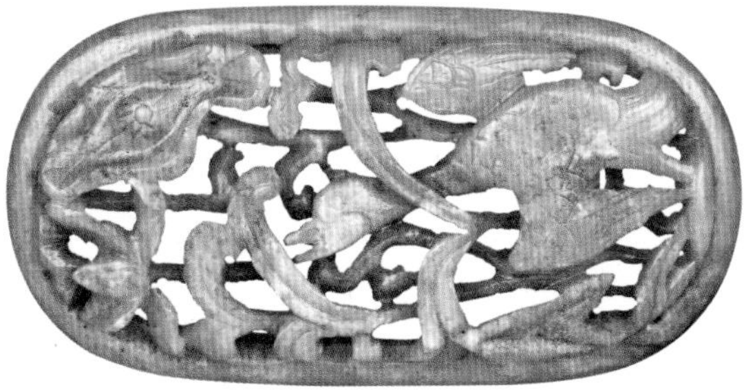

镂雕鹅穿荷叶纹玉饰件

金元（公元 1115—1368 年）
长 9.5 厘米，宽 4.8 厘米
重庆中国三峡博物馆藏

【说明】 这组春水玉、秋山玉表现了北方草原、山林天高地阔，飞禽走兽自由驰骋的自然风貌，是契丹和女真弋猎生活的真实写照。这一题材也受到汉人的喜爱。它源于北方的捺钵制度，即皇帝每年春季和秋季的围猎活动，最早出现于辽代，盛行于金元时期。这两种玉器的背面都有穿孔或系环，可作为随身的配饰，或为玉绦环，与带钩相配使用。

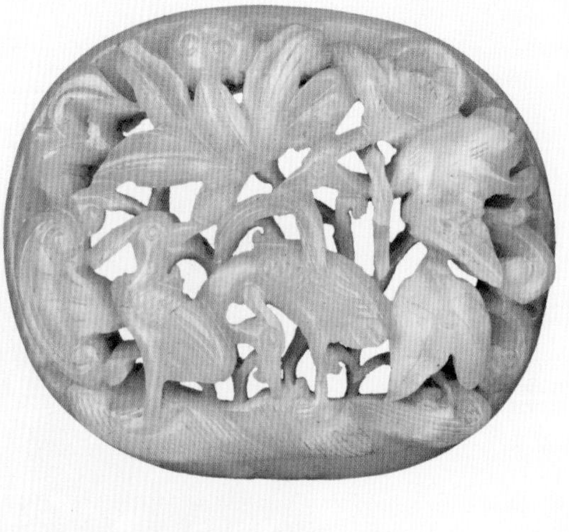

镂空雁穿荷叶纹玉饰件

元（公元 1271—1368 年）

长 6.2 厘米，宽 5.1 厘米

长沙博物馆藏

镂雕大雁穿荷枝纹玉饰件

元（公元 1271—1368 年）

长 8.3 厘米，宽 6.6 厘米

长沙博物馆藏

浮雕双龙纹玉盏托

明（公元1368—1644年）
长21.2厘米，宽16厘米，高0.9厘米
重庆中国三峡博物馆藏

【说明】 盏是浅而小的酒杯，盏托用来盛放盏，常与其成套出现。此器呈长方倭角形，中央托心圆形，左右两侧各浅浮雕对称的云龙纹。龙纹身躯细长如蛇，是典型明代龙纹特征。

玉带钩

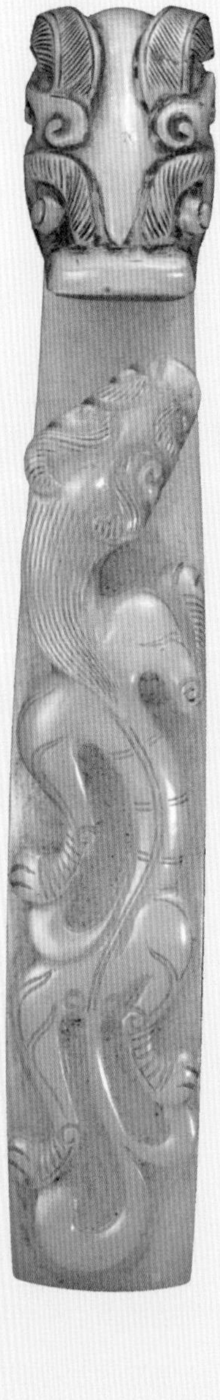

苍龙教子玉带钩

明（公元 1368—1644 年）
长 11.9 厘米，宽 1.9 厘米
长沙博物馆藏

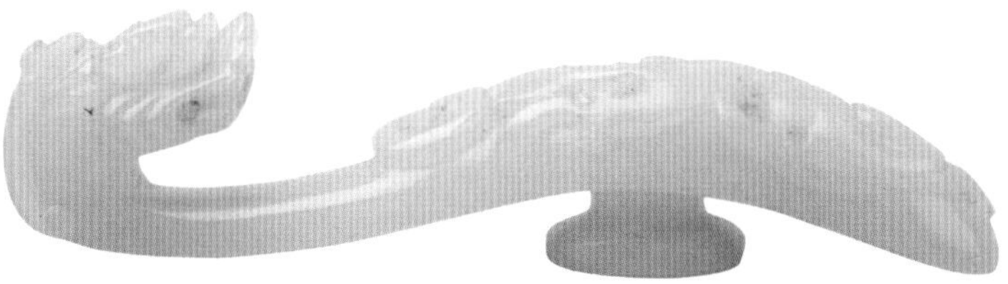

苍龙教子玉带钩

清（公元 1644—1911 年）
长 7.5 厘米
重庆中国三峡博物馆藏

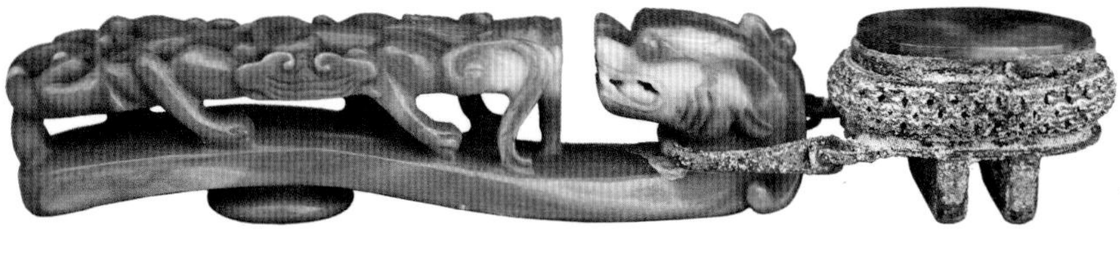

苍龙教子翡翠珊瑚带钩

清（公元 1644—1911 年）
钩长 9.4 厘米，宽 2 厘米，厚 2.2 厘米；
带扣长 3.6 厘米，宽 2.5 厘米
重庆中国三峡博物馆藏

【说明】 玉带钩在新石器时代就已出现，作为实用器在春秋战国时期达到鼎盛。南北朝之后，玉带钩的实用功能急剧衰落。至明清时期，其逐渐成为把玩物件，但明代出土实物中仍有用丝带将其束于墓主腰部的情况，说明其仍有实用性。除动物钩首，多以苍龙教子为主题。螭是龙的九子之一，玉带钩钩头为龙首形，螭腾空匍匐于带钩背部，有时口衔灵芝。明清时期，带钩的主要材质有青玉、翡翠、玛瑙、水晶等。

玉饰件

清（公元 1644—1911 年）

太师少师玉饰件

长 9.5 厘米，高 8.5 厘米

重庆中国三峡博物馆藏

紫晶辟邪饰件

长 14 厘米，宽 11 厘米

重庆中国三峡博物馆藏

“太平有象”玉饰件

高 5.4 厘米，长 6 厘米

长沙博物馆藏

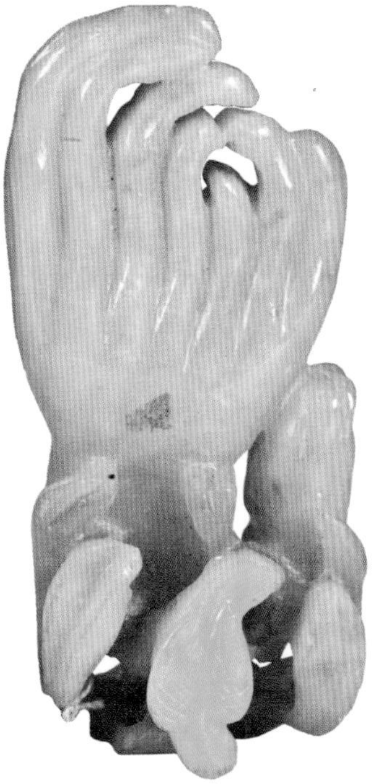

镂雕佛手翡翠饰件

高 6.8 厘米，宽 3 厘米

长沙博物馆藏

【说明】 明清小型玉圆雕件多为具有吉祥寓意的人物、动物、植物，用于赏玩和佩戴。动物常有狮子、鱼、蝙蝠、羊、龟、鹤、马等。狮子常作一大一小两只狮子造型，谐音“太师少师”，寓意仕途顺畅，子嗣昌盛。象驮宝瓶谐音“太平有象”，寄意天下太平。表达吉祥的植物圆雕以莲蓬、桃子、葫芦、莲花、佛手多见。佛手表示“多福”。

玉 杯

乳丁纹双龙玉耳杯

明（公元 1368—1644 年）

通长 11.4 厘米，高 3.3 厘米

长沙博物馆藏

镂雕红木杯盖荷叶形玛瑙耳杯

清（公元 1644—1911 年）

高 7.6 厘米，宽 7 厘米

长沙博物馆藏

蝙蝠纹“寿”字玉杯

清（公元1644—1911年）
高4.1厘米，口径5.4厘米，底径2.4厘米
重庆中国三峡博物馆藏

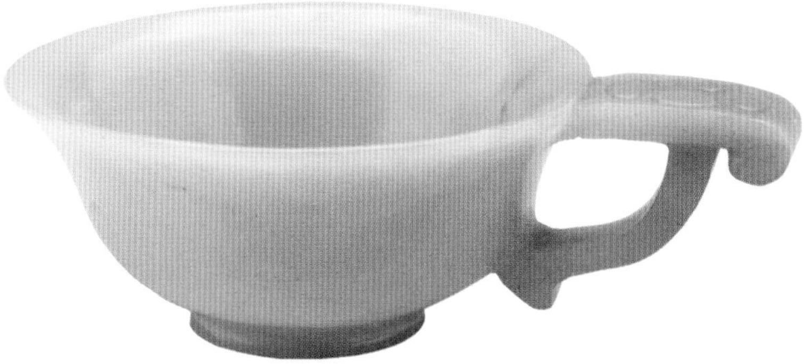

单耳玉杯

清（公元1644—1911年）
通长10.5厘米，高2.7厘米
长沙博物馆藏

【说明】 玉杯是明清两代常见的生活用器。明代玉杯有圆形、花形、方形、多棱形等。双耳杯常见的有环耳、双龙耳、双螭耳及双花形耳等。一般兽形耳的前肢伏于杯沿，头部前伸或攀咬杯沿。明代玉杯外面常饰乳丁纹，仿古意味浓。周身透雕花卉的造型在明代十分流行。明清也流行模仿花卉或果实形象的玉杯，生动形象。清代玉杯较明代选料更精，雕琢更细致，造型更丰富。

玛瑙执壶

清（公元 1644—1911 年）

高 10.6 厘米

重庆中国三峡博物馆藏

【说明】 执壶是一种茶、酒器，中唐时期出现。唐代执壶硕腹，短嘴，后壶体逐渐瘦长。五代至宋壶体多为瓜棱式。元代执壶呈玉壶春瓶式，流嘴弯曲而细长。明代执壶造型有荷花式、竹节式、八方式等，壶面常装饰吉祥图案。清代执壶造型受瓷器、伊斯兰风格玉器造型影响，样式较明代增多，出现了瓜棱壶、僧帽壶、羊首壶、凤首壶、龙柄壶等多种样式。此壶为玛瑙制成，耳和流下各透雕一活环。执壶多与杯盘配套使用。

玉勺

清（公元 1644—1911 年）
长 11 厘米，宽 3.9 厘米
重庆中国三峡博物馆藏

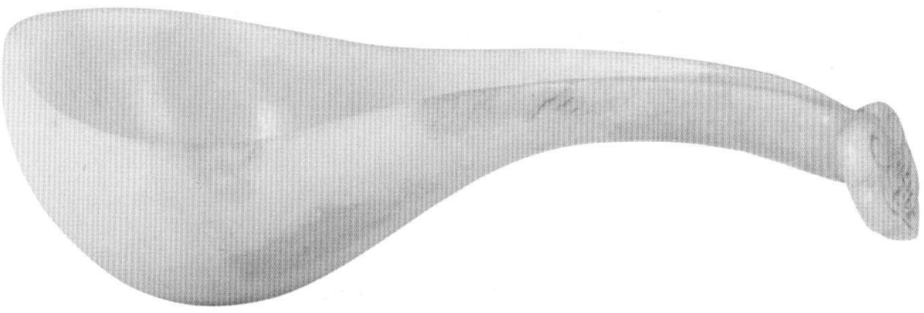

【说明】 生活用器。玉勺采用掏膛技术，从器口将腹内的玉料掏空。明清时期，器皿类的玉器从数量到质量上都较以前大大提高。此玉勺的勺把呈长流状，把端为云头如意形。

银镶玛瑙盖菊花瓣纹碧玉执壶

清（公元 1644—1911 年）

通高 12.6 厘米，腹径 9.7 厘米

长沙博物馆藏

【说明】 这件精美的银盖碧玉壶，是清乾隆时期制作的仿伊斯兰风格玉器。此壶系用整块碧玉雕琢而成，通身雕琢二十四瓣菊花纹，流畅自然，刻画均匀，每瓣误差不到0.1毫米，令人惊叹。一侧执手是螭龙造型，另一侧的流嘴上阴线刻画

银镶玛瑙盖菊花瓣纹碧玉执壶局部

海水云气纹。壶盖以白银打造，镶嵌红色玛瑙、碧玉圆环。

伊斯兰风格玉器以胎体透薄、镶嵌工艺、鲜明的色彩搭配以及花卉纹饰为特点。由于乾隆皇帝的喜爱，出现了大量中西文化融合的仿伊斯兰风格玉器。此壶当属玉器皿中匠心独运、不可多得的珍品。

玉瓶、翡翠瓶

清（公元1644—1911年）

左：高12.8厘米（连座）；右：高14.2厘米

重庆中国三峡博物馆藏

玉瓶

翡翠瓶

【说明】 明清两代传世玉瓶很多。明代玉瓶风格粗犷，较多采用仿古造型，典型样式有琮式瓶、仿古瓶、莲花瓶等。清代玉瓶制作数量更大，常见的有扁瓶、宝月瓶、梅瓶、葫芦瓶等，还有横截面呈四方、八方、斜方等不同形状的玉瓶。

玉印盒

清（公元 1644—1911 年）

重庆中国三峡博物馆藏

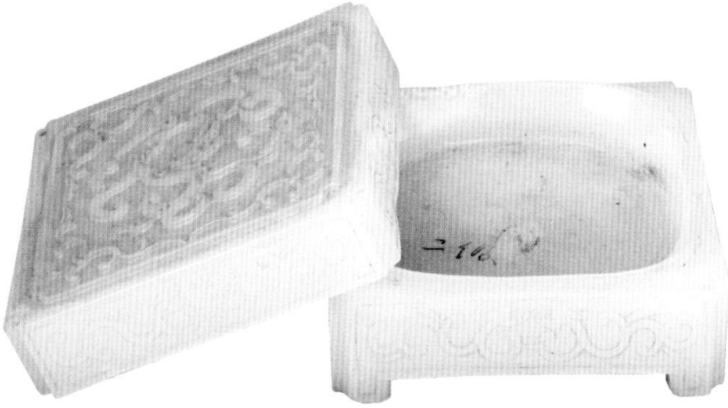

“乾隆御制”

“乾隆御制”龙纹玉印盒

长 7 厘米，宽 7 厘米，高 3.9 厘米

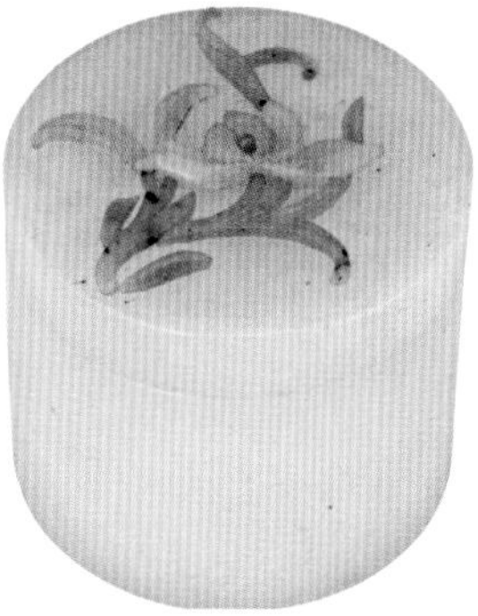

玉印盒

高 3.9 厘米，

口径 4.5 厘米

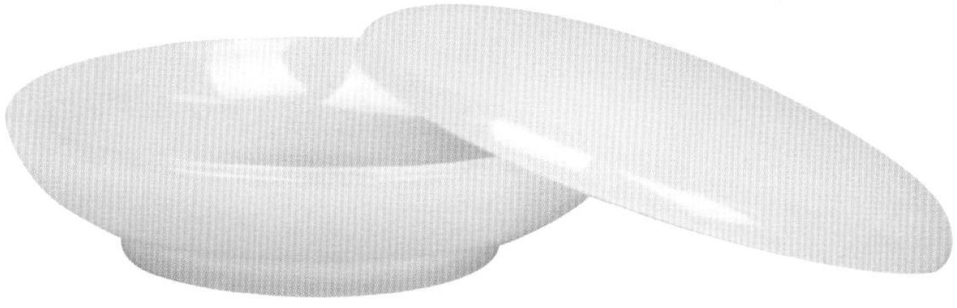

玉印盒

直径 8.5 厘米

【说明】 玉印盒有方形、圆形、动物或植物造型等，一般是子母口。可用来盛放胭脂、印章、印泥等物品。印泥盒又称印色池，明代多见方形盒，清代以圆盒为多。植物或动物造型的玉盒更具玩赏性。

山形玉笔架

清（公元 1644—1911 年）

长 10 厘米，宽 2.7 厘米，高 7 厘米

重庆中国三峡博物馆藏

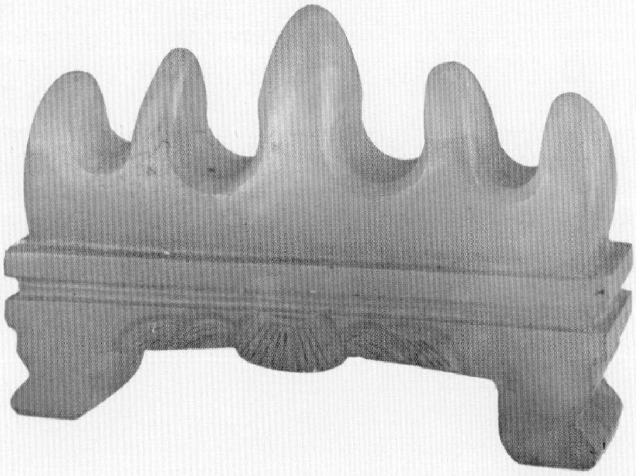

【说明】 笔架又称笔搁，用来架置毛笔，也可用来做镇纸。玉质笔架大致分两类：一类仿自然奇石，讲究玲珑剔透，另一类雕吉祥纹样，以精致奇巧见长。明清笔架以山形笔架最为多见，多为三峰，还有桥形、动物形、卧仙形等。

玉墨床

清（公元 1644—1911 年）

长 12.7 厘米，高 2.9 厘米

重庆中国三峡博物馆藏

【说明】 墨床是用来承搁墨锭的小案架，墨锭磨后湿润，可放在墨床上避免脏污，造型有案架形、座托形、书卷形、博古架形。到明代，由于制墨业的繁荣，墨床较以前更为流行，其外形常与墨锭形状吻合，表面纹饰极浅，有的光素无纹。有一类墨床比较特别，为旧玉改制，如明代素面玉带板、玉剑鞘上的玉饰，将它们镶嵌在紫檀上，就成了一件雅致的墨床。清代玉墨床多为几案形，较明代雕工细腻，造型简单，线条圆润。

玉砚滴、水丞

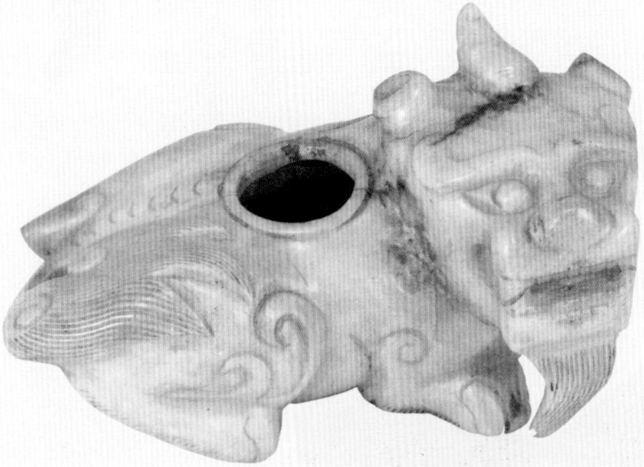

麒麟形玉砚滴

明（公元 1368—1644 年）
长 7.7 厘米，宽 5 厘米，高 3.7 厘米
重庆中国三峡博物馆藏

荷叶形玉水丞

清（公元 1644—1911 年）
长 5.6 厘米，宽 4.5 厘米
长沙博物馆藏

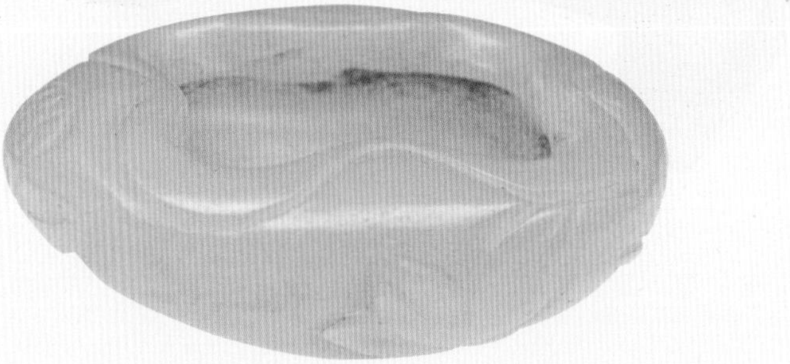

【说明】 水丞和砚滴都是用来贮水并向砚台中注水的文房用具。水丞多荷叶形、葵花形、桃形、海棠花叶形、葫芦形等造型。砚滴在明代有卧兽式、双连式、葫芦形等样式，清代砚滴多以动物、瑞兽为形。

玉臂搁

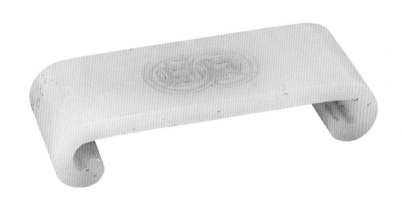

清（公元1644—1911年）
长8.4厘米，宽3.1厘米，高1.7厘米
重庆中国三峡博物馆藏

【说明】 文房用具。由于古人从右至左的书写习惯，为避免手臂碰到未干的墨迹，往往用臂搁垫于腕下。常作竹节形、书卷形、古琴形，也有古代玉剑璏代用的情况，有的则直接做成被剖开的半边竹节。玉臂搁上常饰竹叶、龙、螭、凤纹及文人诗句等。此件臂搁透雕两个相套的圆钱纹。

玉笔洗

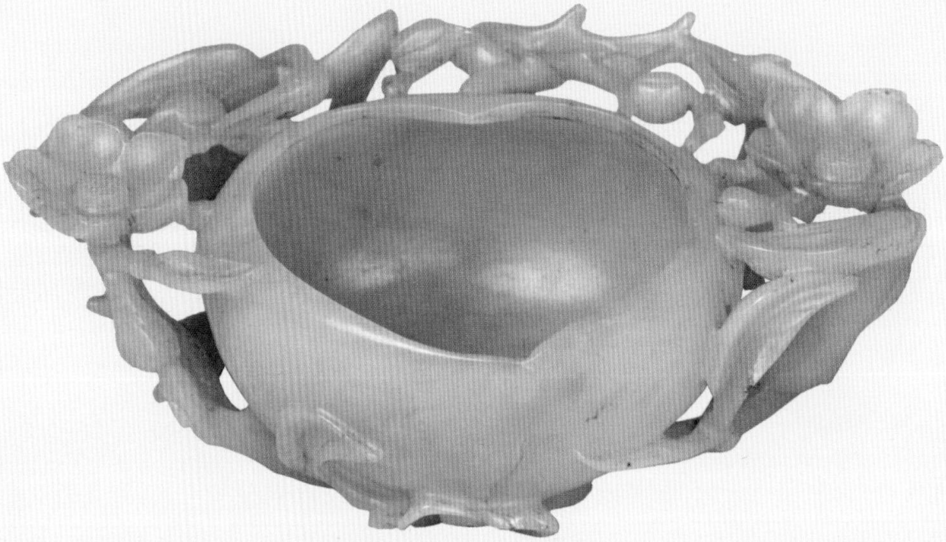

桃形玉笔洗

明（公元 1368—1644 年）

长 12.9 厘米，宽 9 厘米，高 4.2 厘米

重庆中国三峡博物馆藏

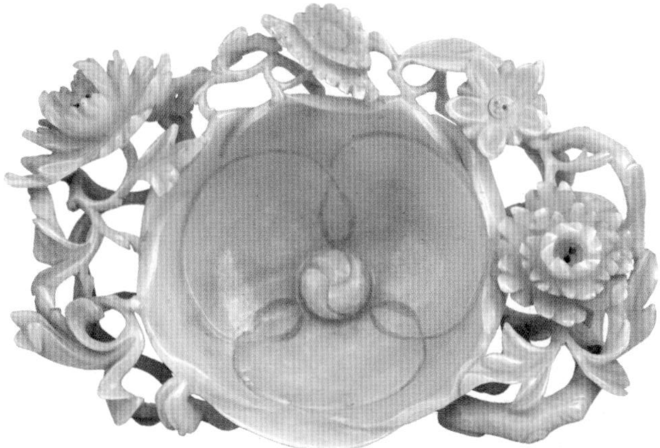

玉笔洗

清（公元1644—1911年）
高8.5厘米，直径17厘米
重庆中国三峡博物馆藏

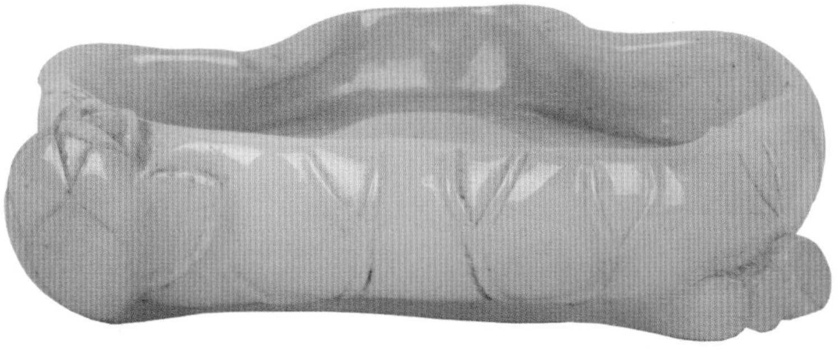

玛瑙荷叶形笔洗

清（公元1644—1911年）
长10厘米
重庆中国三峡博物馆藏

【说明】 笔洗是用来盛水以洗笔的用具。玉笔洗是明清时期数量最多的一种文房用品。笔洗造型多样，除了圆形、方形、方胜形等几何造型外，还有仿古器形，其中以取象于自然界的花、果、兽形最具观赏性，如荷叶形、桃形、海棠形、瓜形、葫芦形、灵芝形等植物造型。这三件玉笔洗，其中两件外壁透雕缠枝花卉，一件为荷叶形，都是这一时期的典型笔洗形状。

碧玉笔筒局部

碧玉笔筒

清（公元 1644—1911 年）
直径 14 厘米，高 13.5 厘米
湖南省博物馆藏

【说明】 笔筒是文房必备用品，现今见到的玉笔筒多为清代制品，有方、圆、多棱等形，还有一种是仿竹刻玉笔筒。玉笔筒表面多浮雕人物、山水、花草、树木等。清中期以后玉图画题材兴起 ，浮雕图案更多，常见的有岁寒三友、竹林七贤、西园雅集等，构图精巧，纹饰生动，层次分明，更加突显了其观赏性。

螭纹玉镇纸

清（公元 1644—1911 年）
长 26.7 厘米，宽 3.5 厘米，高 3.3 厘米
重庆中国三峡博物馆藏

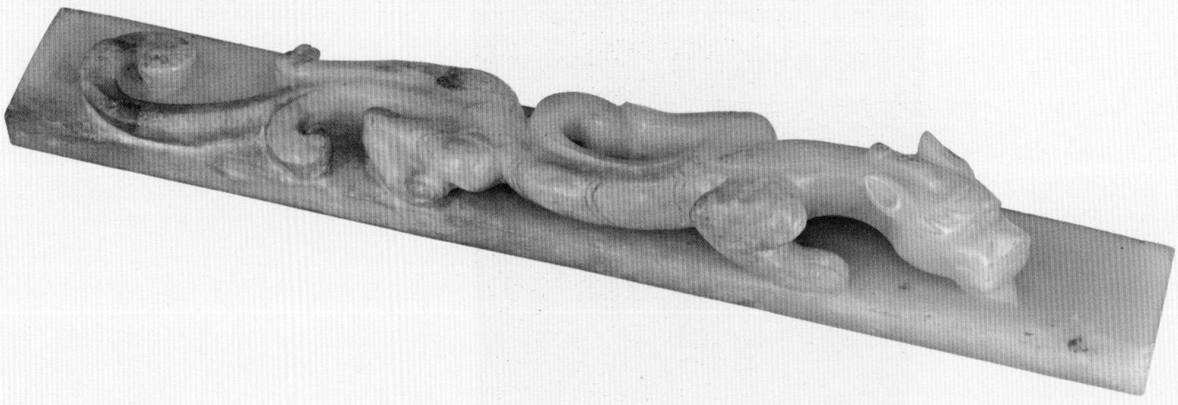

【说明】 镇纸用以镇压书卷，是兼具实用和赏玩的文房用具。明代镇纸有兽类、人物等造型，如瑞兽、卧婴等，内容采用传统典故或吉祥图案。清代镇纸除了圆雕动物和植物造型外，还有专门制作的长条形、圆形等几何形状。条形镇纸一般一面为平面，一面则雕兽纽或螭纽等装饰。这件镇纸正是如此。

船形玉摆件

明（公元1368—1644年）
长8.8厘米，宽1.2厘米，高3.7厘米
重庆中国三峡博物馆藏

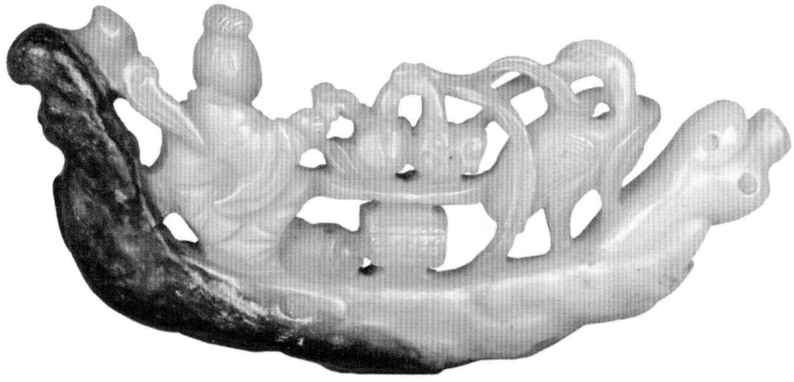

【说明】 玉船在宋代就已出现，但在清代较为常见。这种立体圆雕的器型皆作为陈设摆件。玉船上一般雕有人物、象征吉祥或财富的物品，也或雕琢众多人物，如八仙等。这件镂雕龙舟，船头为一回首仙鹤，中间雕琢有提盘，其上放有果品，船尾坐一女子，正手拿桃和灵芝。

铜座玛瑙灯

清（公元 1644—1911 年）
直径 10.5 厘米，高 12.6 厘米
重庆中国三峡博物馆藏

【说明】 此灯为翘尾鱼形铜座，尾部托举一玛瑙碗状灯台。造型灵动，材质色彩对比鲜明，是一件非常别致的摆件。

玉蟠桃、圆雕葫芦玉摆件

清（公元1644—1911年）
左：高12.5厘米；
右：高10.2厘米
重庆中国三峡博物馆藏

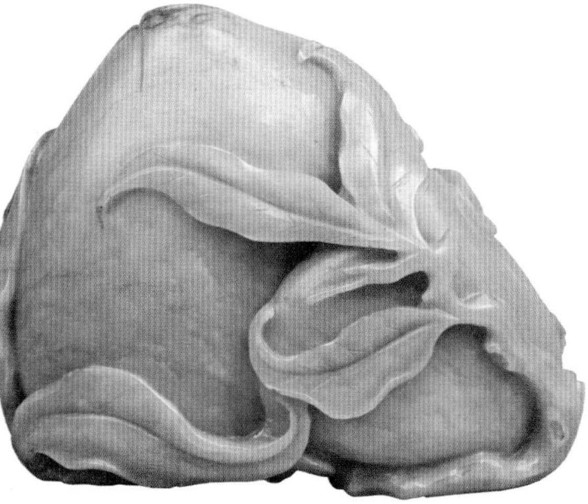
玉蟠桃

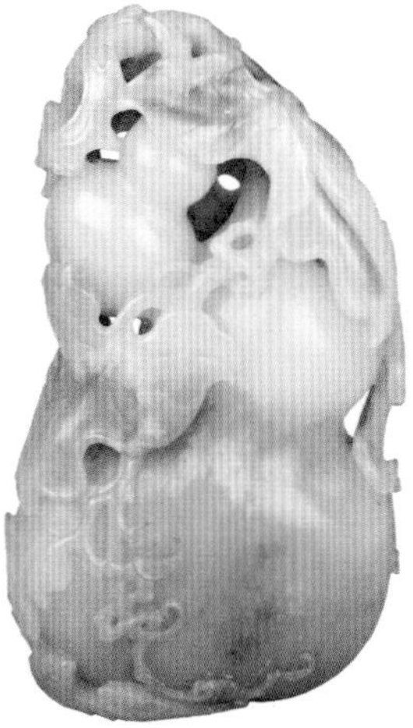
圆雕葫芦玉摆件

【说明】 圆雕植物一般兼具陈设、赏玩和文房镇纸的多重功能。题材多是具有吉祥寓意的植物，如佛手、桃、葫芦、荔枝、石榴、葡萄等，或者是文人偏爱的梅、兰、竹、菊、荷花等。这两件小摆件一为蟠桃，一为葫芦，大葫芦一侧斜挂一小葫芦，瓜叶和藤蔓自然分布于葫芦上，下方有一蝙蝠攀援其上，寓意福禄吉祥。

玉山子

清（公元 1644—1911 年）

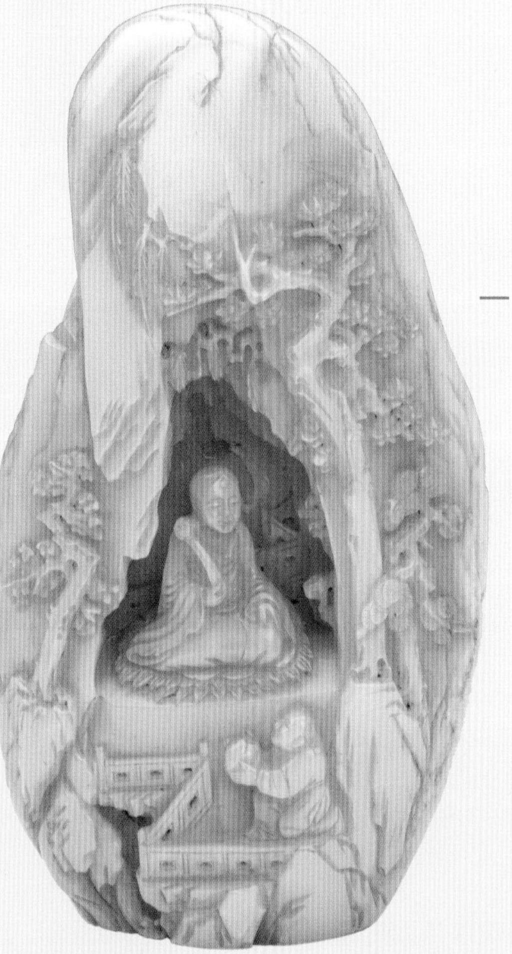

童子献桃图玉山子

高 22.8 厘米

重庆中国三峡博物馆藏

一

麻姑献寿图玉山子

高 19 厘米、宽 14 厘米、厚 5 厘米

湖南省博物馆藏

【说明】 玉山子是清代流行的陈设品，一般雕琢山水或人物图案，犹如立体的绘画，是玉图画的代表。玉山子出现于宋代,盛行于清代。清以前的玉山子造型矮小，多以树木、山石为题材。乾隆皇帝大力提倡制作具有高雅气息的玉图画题材玉器，促使玉山子成为玉图画器物的主要品类，是当时玉器的主流之一，数量和质量都达到登峰造极的境界。体积大的以“大禹治水”图玉山子为代表，重达数吨，小的太山子只有十几厘米，细致精巧。

玉如意

清（公元 1644—1911 年）

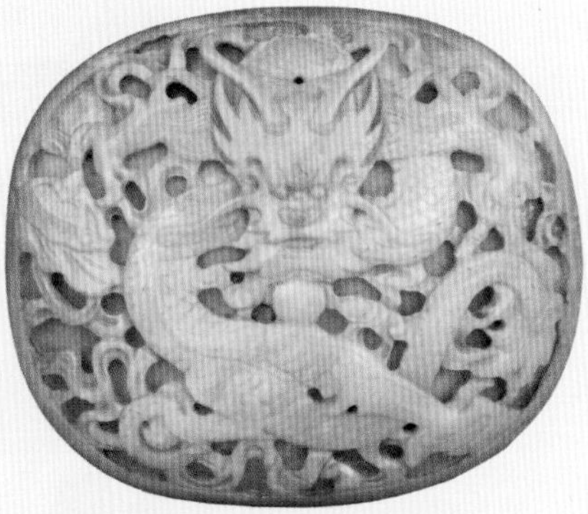

镂雕龙纹玉如意饰件

长 9.5 厘米，宽 7.9 厘米

重庆中国三峡博物馆藏

四马松石纹玉如意饰件

长 14.5 厘米、宽 13.2 厘米

长沙博物馆藏

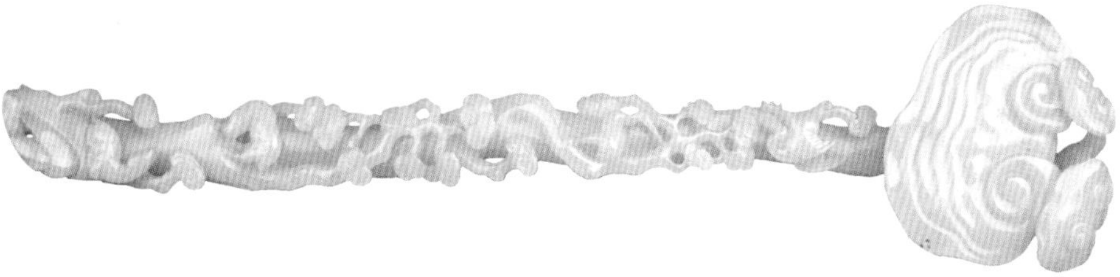

灵芝式玉如意

长 34.4 厘米

重庆中国三峡博物馆藏

嵌宝石玉如意

长 32.5 厘米

重庆中国三峡博物馆藏

【说明】 如意起源于搔背的爪杖，因爪杖能搔到手所不及之处，甚如人意而得名，后逐渐脱离实用功能成为进贡、赏赐、陈设、把玩和婚配定礼之物。明代少见，以清代为多。清代玉如意造型大致可分为天官式、三镶式和灵芝式三种。天官式为一整块玉料制成，花头、直柄，意寓“天官赐福”；三镶式如意大多饰吉祥图案，如饰牡丹寓意“富贵如意”，饰蝙蝠与寿字寓意“福寿如意”等；灵芝式为一整块玉料，通体似一枝灵芝，灵芝为仙草，是吉祥、美好、长寿的象征。

玉花插

清（公元 1644—1911 年）

左：高 8.7 厘米；右：高 9.2 厘米

重庆中国三峡博物馆藏

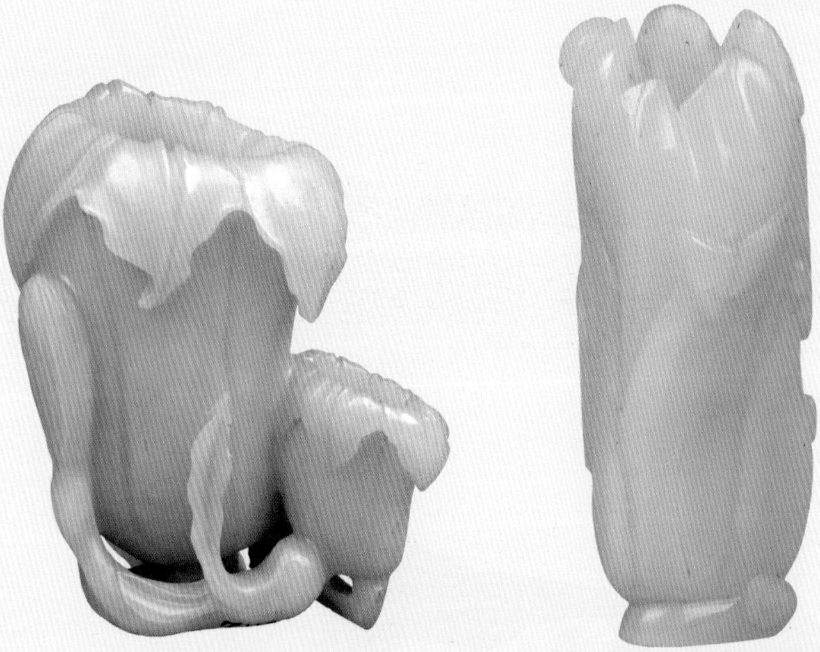

【说明】 花插是插花的器皿，也是陈设品。明清玉花插造型多样，其中很多动植物造型，比如具有吉祥寓意的双鱼、梅、竹、灵芝、水仙等，造型生动。清代以树桩式为多，并附有树枝或凤鸟装饰，结构复杂，刻画生动，是一种别致而高雅的室内陈设品。

玉佛像

清（公元 1644—1911 年）
高 12.9 厘米
重庆中国三峡博物馆藏

绿松石“和合二仙”像

中华民国（公元 1912—1949 年）
高 11.3 厘米
重庆中国三峡博物馆藏

【说明】 明代玉人物有仕女、老人、小孩，并开始大量出现佛教与道教的造像，观音、罗汉等佛教造像较为常见，头大、脸长，五官紧收，一般正面弧凸，背面扁平，开脸也多种多样。清代玉人物主要有佛教、道教的造像，也有一些仙女、渔夫、樵夫和世俗人物。其人物面部刻画细腻，衣纹和佩饰层次分明，写实性很强。民国时期的玉雕人物像无论在数量还是质量上，都呈下降趋势。

玉香炉与玉炉顶

清（公元1644—1911年）

重庆中国三峡博物馆藏

玉炉顶

高4.6厘米，直径3.9厘米

兽面纹三足玉香炉

口径9.8厘米，宽11厘米，高7.2厘米

【说明】 玉炉顶本是辽、金、元时期官帽顶部的玉纽，明以后，由于服饰体制的改变，帽顶失去实用价值后改作炉顶。玉香炉是用来插香并在其中把香点燃的器皿，明清出现最多，既有官作，也有民作，除了时作的各式玉香炉，清代宫廷制作的仿古玉彝器，也常被用作香炉。

三足水晶香炉

通高 12 厘米，口径 6.4 厘米，腹径 8.5 厘米；炉高 6.1 厘米，盖高 5.9 厘米

慕古识真

03

慕古追玉，返朴还淳。

两宋时期，金石学兴起，产生了一种在器型、纹饰、沁色上刻意模仿古代青铜器、玉器和漆器的仿古玉。明代受复古思潮影响，仿古玉有所发展，至清代乾隆时期已至巅峰。这表明文人社会地位的提高和玉器生产与市场的繁荣。

专诸巷里玉匠纷，日出新样无穷尽。

而仿古玉的对象，有各个历史时期的典型玉器，也有仿古代青铜彝器的玉器，如玉鼎、玉觥、玉匜等。

蟠螭谷纹玉璧

明（公元 1368—1644 年）

直径 4.1 厘米、孔径 1 厘米、厚 1.2 厘米

重庆中国三峡博物馆藏

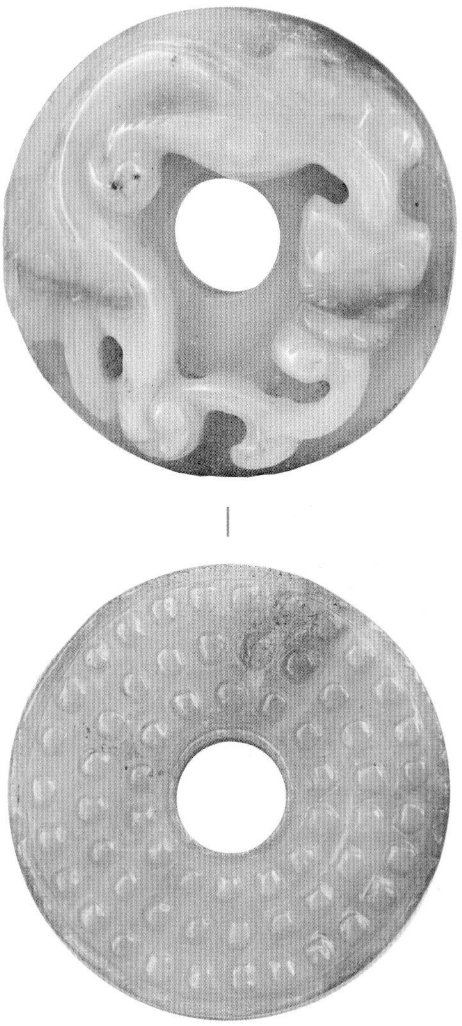

【说明】 玉璧为传统的玉礼器之一，是玉器中沿用时间最长的器型。魏晋南北朝至唐代，由于玉礼器的主导地位被世俗化的玉器替代，玉璧数量大减。宋以后仿古玉璧增多，多仿战国、汉代玉璧。元代玉璧以小型系璧为多，供佩带。明清玉璧以仿古谷纹璧和螭纹璧数量大，多为一面浮雕数条螭纹，另一面则饰谷纹或云纹。明清作为礼器使用的玉璧器型较大，作为佩饰和赏玩的玉璧器型较小，厚度较大。

螭纹玉圭璧

明（公元 1368—1644 年）

璧直径 5.6 厘米；圭长 10 厘米，宽 5.8 厘米

重庆中国三峡博物馆藏

【说明】 玉圭、玉璧属传统礼玉。玉圭可分为平首圭和尖首圭，很长时间一直作为礼器使用。唐宋之后历代都有仿制品，明清玉圭与前代器型基本相同，有些素面，有些雕刻有时代元素的纹饰。一般在重要仪典中使用。玉圭璧这一组合器型在《周礼》中已有记载，“圭璧五寸，以祀日月星辰。”山西天马曲沃 M93 放置在晋文侯胸上的成组玉圭璧，表明玉圭、玉璧是最重要的礼瑞用玉。圭璧礼制延续到了秦汉，后世此类组合器较为少见，明清有仿品。

玉磬

清（公元 1644—1911 年）

磬形玉饰

宽 27.4 厘米，高 10.7 厘米

重庆中国三峡博物馆藏

兽面龙纹磬形玉饰件

长 15.9 厘米，宽 8.4 厘米，厚 0.7 厘米

重庆中国三峡博物馆藏

【说明】 玉磬是古代的一种乐器，悬挂于架上，击之而鸣。商代已有单一的特磬，周代有数件大小依次组成的编磬。玉磬是清代朝廷礼仪重器，一般体形较大，雕琢精致。因为“磬”又谐音“庆”，所以也是民间喜用的陈设品，器体较薄，已失去了打击发音的作用，磬面常刻有夔龙、禽鸟、瑞兽等图纹。小型玉磬为佩饰。

琮式玉瓶

明（公元 1368—1644 年）
高 7.8 厘米
重庆中国三峡博物馆藏

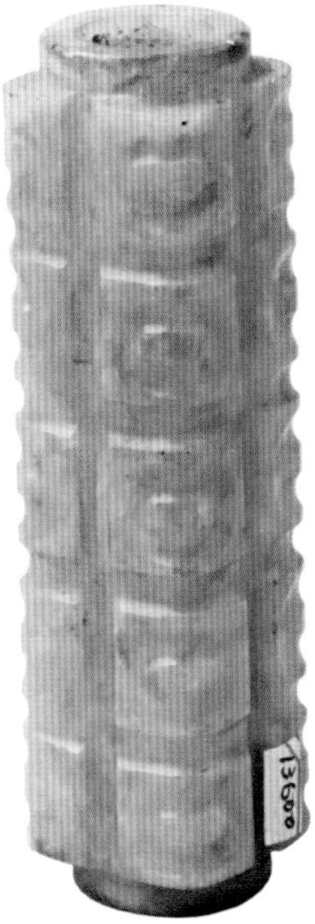

【说明】 玉琮，内圆外方，上下贯一圆孔，出现于新石器时代，是重要的礼器。以良渚文化玉琮为典型，至汉代衰落。宋代出现仿玉琮的瓷瓶。清代宫廷收藏有良渚文化玉琮，也制造仿制品，有的进行染色处理。还有的仿宋代的琮式瓷瓶，在琮形的基础上进行变化，制成器皿。此琮式玉瓶，形制虽仿高体玉琮，但其纹饰又与高体玉琮很大不同，为仿古玉器。

乳丁纹玉匜形杯

明（公元 1368—1644 年）
长 14.2 厘米，宽 6.1 厘米，高 4.2 厘米
长沙博物馆藏

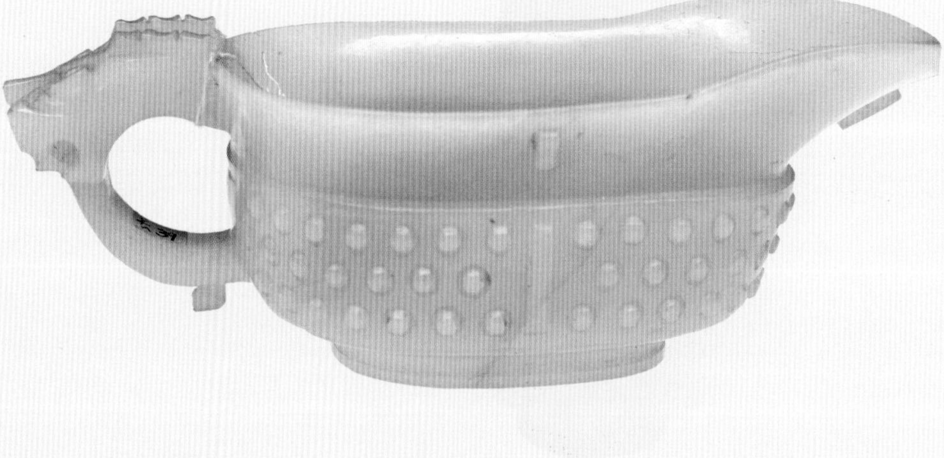

【说明】 匜是古代盥洗器，器形出现于西周中期，盛行于东周，贵族盥洗时与盘合用。明代玉匜仿古青铜匜形杯，上宽下窄，有流，一般单耳把，有些有盖，盖上饰兽面纹或饰虎形纽。清代玉匜造型更为多样，图案纹饰有的严格按照所仿实物进行制作，有的则稍加变化，显示出一种仿古而不拘泥于仿古的审美情趣。

玉蝉

清（公元 1644—1911 年）
长 5.8 厘米
重庆中国三峡博物馆藏

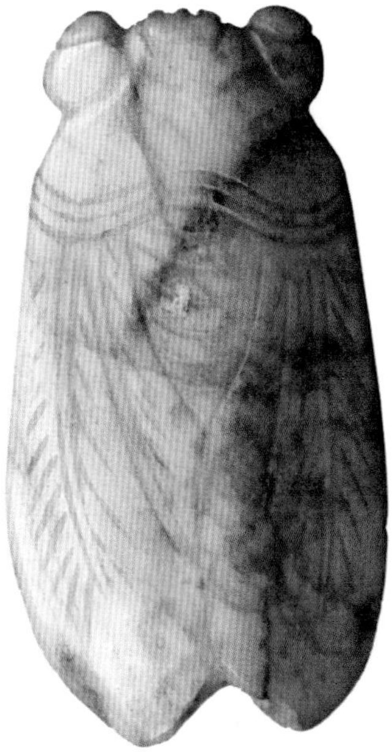

【说明】 蝉形玉器在新石器时代就已出现，商代至战国墓葬常作为佩饰品随葬。玉蝉作为葬玉中的口琀，最早见于西周早期墓，但直到汉代才发展成为普遍习俗，并一直持续到魏晋南北朝时期。明清时期常以汉代玉蝉作为仿古的对象，有片雕和圆雕两种。清代玉蝉纹饰多样，写实手法与仿古纹饰同用。

玉剑璏

清（公元1644—1911年）

上：长12.5厘米，宽2.8厘米；下：长6厘米，宽3.8厘米

重庆中国三峡博物馆藏

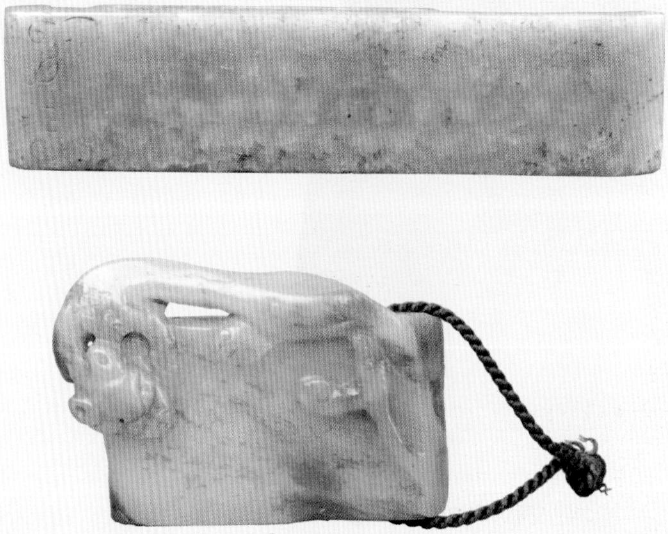

【说明】 战国、汉代玉剑璏出土较多，宋代以后出现一些仿品。明代的仿汉剑璏虽然造型相似，但器面两端弯曲度较大，图案纹饰凌乱，失去章法，纹饰呆滞无神，几何纹排列较汉代稠密。清代宫廷制造的玉剑璏整体上较汉代器物要大，更为精致，器物表面光亮，有蜡样光泽。

饕餮纹玉鼎

清（公元 1644—1911 年）
高 17.5 厘米，长 15 厘米，宽 11 厘米
湖南省博物馆藏

【说明】 青铜鼎本盛行于商周时期，是国之重器，其基本形制有两种：一种是圆鼎，一种是方鼎。玉鼎是仿商周青铜彝器而成，是清代仿古玉最重要的品类之一。清代玉鼎材质优良，造型大气厚重，雕工精湛。

结语

玉，石之美者，出神话源头，鉴百朝兴替。

女娲补天，昆仑采玉；仓颉造字，王者之佩。

取玉甚难，越三江五湖，至昆仑山。千人往，百人返，百人往，十人至。覆十万之师，解三千之围。

何谓？至粹美石，礼神圣物。

其质至坚，无瑕广仪，坚刚不屈，折而不挠。其声清扬而远闻，其止辍然而悠辞。其德至美，以配君子。将翱将翔，佩玉锵锵，言念君子，嘉德高尚。其情奕奕，其性怡怡，雅玩意趣，悠然自得。如明月之东升，出江山之磅礴；上迢迢之霄汉，照渺渺之寥廓。

翩翩君子，温润如玉；

万年中国，一玉可见。

后记

“玉魂——中国古代玉文化展”在长沙博物馆新馆开放六周年之际如期向公众免费展出，同名的展览图录也在开展期间顺利付梓刊行，这是多家文博机构和出版社工作人员辛勤劳动的结果。

“玉魂——中国古代玉文化展”从2021年8月项目启动开始，到12月28日对公众开放，策展人喻燕姣研究员和项目组成员紧密合作、废寝忘食，从展览构思、主题思想的确定，文物挑选、内容方案的撰写，到艺术设计、宣传、教育方案的策划等，都殚精竭虑，力求尽善尽美，以便为观众奉献一场美轮美奂的艺术盛宴。

长沙博物馆对该展览极为重视，馆长王立华和副馆长刘瑜多次组织相关会议，审议各项方案，为展览成功举办保驾护航；各参展单位鼎力相助，尽量让我们挑到理想的展品，使展品的数量大大超过了我们的预期，丰富了展览内容，为展览的圆满举办打下了坚实的基础。

呈现在读者面前的这本图录，是所有参与者集体劳动的成果。策展人在410件（套）展品中挑选了330多件文物，逐页进行了初排，以方便设计人员加快设计进度。大多数是一件文物一个说明，也有少量是2件以上文物的组说明，凡是组说明的，我们均在每件文物的前面加了“**O**”，方便读者阅读。

我们衷心感谢重庆中国三峡博物馆、湖南省文物考古研究所、湖南省博物馆、长沙博物馆、南阳市文物考古研究所、洛阳博物馆、中国社会科学院考古研究所、二里头夏都遗址博物馆提供了高清图片，使图录更精美；感谢刘琦先生检测了数件实物，使展品说明表达更精准；感谢本书的装帧设计师谢俊平，他独具匠心的设计眼光为图录增色不少；也感谢责任编辑周熠女士，她的敬业精神为图录的及时出版画上了完美的句号。

最后，要感谢长沙市文化旅游广电局对这次展览活动的大力支持！

“玉魂——中国古代玉文化展”展览项目组

2022年1月25日